umario

ANDES ESPACIOS / OUTDOOR
299/ 7,90 €

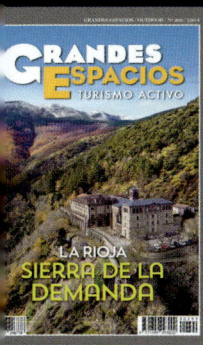

LA RIOJA
SIERRA DE LA
DEMANDA

O DE PORTADA
asterio y valle de Valvanera.
uben Cuesta

w.desnivel.com/grandesespacios

TA: Ediciones Desnivel S.L.
an Victorino nº 8 • 28025 Madrid.
913 602 242 • Fax: 913 602 264
ndesespacios@desnivel.com
w.desnivel.com

ctor: DARÍO RODRÍGUEZ.
actor jefe: DIONI SERRANO.
ctor de arte: GREGORIO ARRANZ.
licidad: MARÍA ÁNGELES TRUJILLO.
ribución: MARÍA JOSÉ SANTAMARÍA.

rime: Nueva Imprenta. Papel ecológico
almente libre de cloro). Distribuye: SGEL.
ósito legal: M-39544-1995
N: 1699-093000
N: 978-84-9829-677-8

uscripciones
. 91 360 26 20
cripciones@desnivel.com
w.desnivel.com/suscripcion

SIERRA DE LA DEMANDA
El «otro» paisaje de La Rioja

La Sierra de la Demanda es el macizo situado más al noroeste del Sistema Ibérico, lo que determina un clima y una vegetación con fuerte vocación atlántica. Repartida entre Burgos y La Rioja, es en esta última donde
se levanta el mayor número de cimas por encima de los dos mil metros,
entre ellas una que alcanza casi la categoría de mítica: San Lorenzo.

Vías Verdes de la Comunitat Valenciana

SIENTE LA PRIMAVERA RECORRIÉNDOLA

El amable clima mediterráneo se hace más patente que nunca en primavera, la estación ideal para adentrarse en la naturaleza, ya sea a pie o en bicicleta. ¿Y qué mejor manera de hacerlo que por alguna de las Vías Verdes que surcan la Comunitat Valenciana?

LOS antiguos trazados de ferrocarril reconvertidos en senderos para peatones y ciclistas, nos brindan la posibilidad de explorar toda la belleza natural del territorio por medio de unos recorridos espectaculares que nos llevarán entre campos de almendros, vides o naranjos, por bosques de pinos o encinares, o bordeando el mar y disfrutando de unas vistas privilegiadas.

Existen trece Vías Verdes en la Comunitat Valenciana, con más de 200 kilómetros de recorrido. Todas ellas gozan de una perfecta señalización y ofrecen la máxima comodidad al viajero, independientemente de su condición física. Y es

FOTOS: FUNDACIÓN FERROCARRILES ESPAÑOLES

En la foto grande, la primavera revienta en la Vía Verde del Xixarra. Arriba, un tramo boscoso de la Vía Verde de los Ojos Negros. Sobre estas líneas, caminantes en la Vía Verde de Dénia.

PIE O EN BICICLETA

que las Vías Verdes están pensadas para que las disfruten niños, personas mayores y personas con movilidad reducida. Son además un modelo de sostenibilidad ya que promueven el uso de medios de transporte no contaminantes, y al aprovechar las infraestructuras ya existentes, fomentan un turismo responsable y respetuoso con el medio ambiente.

Una de las vías más agradables de recorrer es el Camino Natural Vía Verde de Dénia, que nos permitirá conocer una gran variedad de paisajes y deleitarnos con unas vistas panorámicas del Mediterráneo. A lo largo de los 22 kilómetros

que conectan Dénia con la localidad de El Verger, encontraremos túneles, puentes restaurados y estaciones de tren reacondicionadas, vestigios del antiguo ferrocarril Carcaixent-Dénia que transportaba naranjas hasta los puertos de Gandía y Dénia para su exportación.

Otra opción interesante es la Vía Verde del Xixarra, en Villena, que se llama así por el ruido que hacían las locomotoras de la época, parecido al de las cigarras. Quince kilómetros que arrancan del santuario de las Virtudes y llegan hasta el pueblo de Biar, donde es posible conectar con el Camino de Santiago. Este recorrido

SIENTE LA PRIMAVERA RECORRIÉNDOLA

destaca por sus largos tramos con amplios horizontes de una gran belleza.

Para disfrutar de unas vistas espectaculares del Mediterráneo tomaremos la Vía Verde del Mar que recorre la costa agreste entre Benicàssim y Oropesa del Mar. Este bello itinerario, que discurre entre calas y pinos, sigue un antiguo trazado del tren que, debido a la difícil topografía del terreno, ha dejado trincheras profundas, puentes metálicos y un largo túnel iluminado. La llegada del ferrocarril favoreció el crecimiento económico y urbanístico de Benicàssim, pero las vías dividían la población. El nuevo trazado en

2004 hizo que la ciudad quedase libre de ellas y la antigua plataforma desmantelada se convirtió así en esta espectacular vía verde junto al mar.

La Vía Verde de Ojos Negros es la más larga de España. Los 65 kilómetros que cruzan la Comunitat Valenciana discurren por el hermoso valle del río Palancia. Parten del altiplano de Barracas, al pie de la Sierra de Javalambre y descienden hasta las fértiles huertas valencianas, a orillas del Mediterráneo. Un recorrido entre bosques frondosos, campos abiertos y zonas rurales, que se encuentra con viaductos y puentes históricos y que nos regala unas vistas espectaculares.

FOTOS: FUNDACIÓN FERROCARRILES ESPAÑOLES

A la izquierda, la Vía Verde del Mar al borde del Mediterráneo. Arriba, deporte adaptado en Vía Verde de los Ojos Negros, y cicloturismo familiar en la Via Verde de Dénia.

A PIE O EN BICICLETA

Son muchas y muy diversas las rutas que pueden emprenderse en la Comunitat valenciana, algunas se recorren en una mañana, otras exigen varias etapas. En todas ellas podemos encontrar empresas especializadas que alquilan bicicletas y ofrecen guías. Recorriendo estas antiguas vías disfrutaremos de unos pueblos cargados de historia y tradición, de la rica gastronomía local y de alojamientos con encanto que harán de esta experiencia una aventura inolvidable para vivir en pareja, en familia, con amigos o en solitario.

Ya es posible descargarse la guía de Vías Verdes con toda la información en:
www.cicloturismo.comunitatvalenciana.com
https://www.viasverdes.com

Más info en:

COMUNITAT VALENCIANA

www.comunitatvalenciana.com

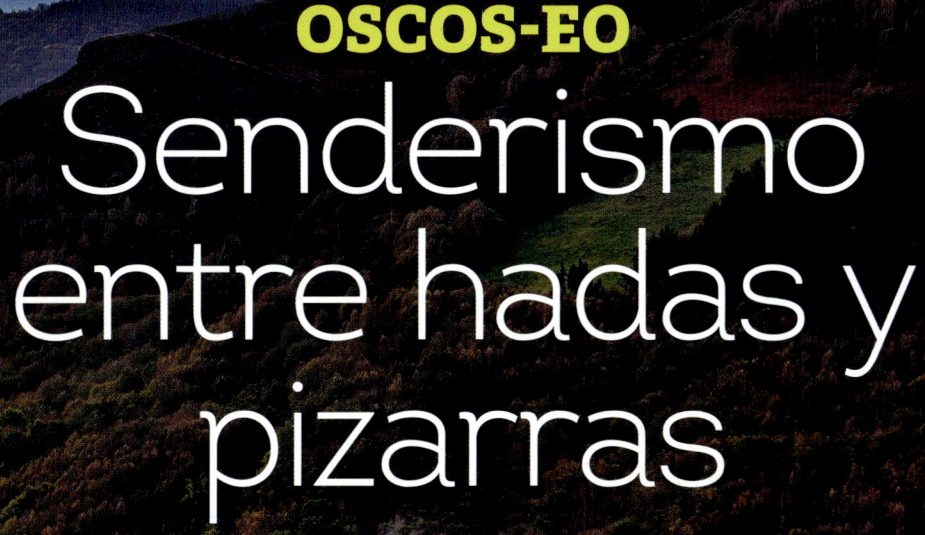

TURISMO ASTURIAS / PABLO LÓPEZ

OSCOS-EO

Senderismo entre hadas y pizarras

En el río encontrarás a la xana, un hada buena, como suelen serlo. En los jardines y casas, al trasgu, una suerte de duende travieso y pequeño al que le gusta sustraer objetos. En el bosque intuirás a su Señor absoluto, el busgosu, mitad humano y mitad carnero. Y si tienes mala fortuna, en la montaña te toparás con el nuberu, un anciano barbicano, feo de remate y malvado. ¿Por qué esta comarca que marca el límite noroccidental de Asturias es perfecta para el senderismo? Porque toda su belleza, natural y etnográfica, está rodeada de un cuento que la hace más mágica.

TURISMO DE ASTURIAS / JUAN DE TURY

OSCOS-EO es el apellido compuesto que comparten siete municipios del noroeste de Asturias: Castropol, Vegadeo, San Tirso de Abres, Taramundi, San Martín de Oscos, Santa Eulalia de Oscos y Villanueva de Oscos, concejos que conforman una de las siete Reservas de la Biosfera de Asturias. Esta tierra se extiende desde Castropol, donde el Cantábrico se hermana con Galicia, hasta los montes de Santa Eulalia, y congrega veredas, sendas y rutas de distinta inspiración: el ferrocarril, el agua… incluso el silencio. Lógico: estamos en una de las cunas de la mitología astur, nacida precisamente de los misterios que su-

giere una naturaleza enredada, cambiante y exuberante. Las chimeneas, las fachadas de piedra humilde, los tejados de pizarra y los molinos contribuyen al ambiente feérico.

Además de variado, sus propuestas para el senderismo discurren siempre tranquilas, con esa paz de los sitios antiguos. Taramundi, tierra de cuchillería y concejo pionero del turismo rural en España, atesora una ruta del agua que atraviesa paisajes frondosos, paralelos al cauce del Turía, y moldeados antaño por la forja del metal, que usaba los ríos como energía.

Entenderás su historia en el Museo de la Cuchillería, o el conjunto etnográfico de Os Teixóis.

AYTO. TARAMUNDI

TURISMO DE ASTURIAS / MAMPIRIS

Arriba, la Ría del Eo sobre la que se dispone Castropol. En la otra página, de arriba hacia abajo, Vilanova, Taramundi y senda en el concejo de San Martín de Oscos. En páginas anteriores, paisaje de la comarca Oscos-Eo.

Incluso en los restos del poblado prerromano Os Castros. Paradas en el camino, para continuar mirando y conociendo.

La ruta A Seimeira, en el concejo de Santa Eulalia de Oscos, pasa por aldeas como Pumares, con viviendas bajas, ancestrales, cubiertas de musgo, por vericuetos rodeados de helechos que acaban por asomarse a una cascada de ensueño.

Completa el trayecto visitando el Museo Casa Natal del Marqués de Sargadelos, a través de cuyas piezas de cerámica vislumbrarás la vida cotidiana del siglo XVIII. Un retorno al pasado que también contienen el Ecomuseo del Pan, en el municipio de Villanueva de Oscos o la Casa del Marco en el concejo de San Martín de Oscos.

San Tirso de Abres, amplía las posibilidades con la Ruta del Ferrocarril, perfecta para el turismo activo. En bicicleta, haciendo trekking… Puedes recorrer como más te guste el itinerario llano del antiguo tren minero entre el interior y la ría del Eo, que, tras marcar la geografía del concejo de Vegadeo configurando un excepcional espacio para la observación de aves, se abre al mar con extensas playas ya en Castropol. Adéntrate en los túneles, respira hondo en los puentes, fíjate en esa antigua central eléctrica mimetizada ahora con la naturaleza.

Y si quieres calma definitiva y algo más de altura, la Sierra de La Bobia confiere a la Ruta del Silencio su merecido nombre. Abedules, robles, el recóndito pueblo de San Cristobo… El regreso de cualquiera de estas excursiones pasa por el Monasterio de Santa María en Vilanova, un edificio barroco que alberga actividades culturales todo el año.

Oscos-Eo continúa, parece nunca agotarse, pues los recorridos para el senderista se abren casi en cada aldea, en cada tramo de bosque o de costa, comunicando con lugares insospechados y, efectivamente, empapados en magia, misterio, o como quieras llamarlo.

www.turismoasturias.es

Asturias paraíso natural

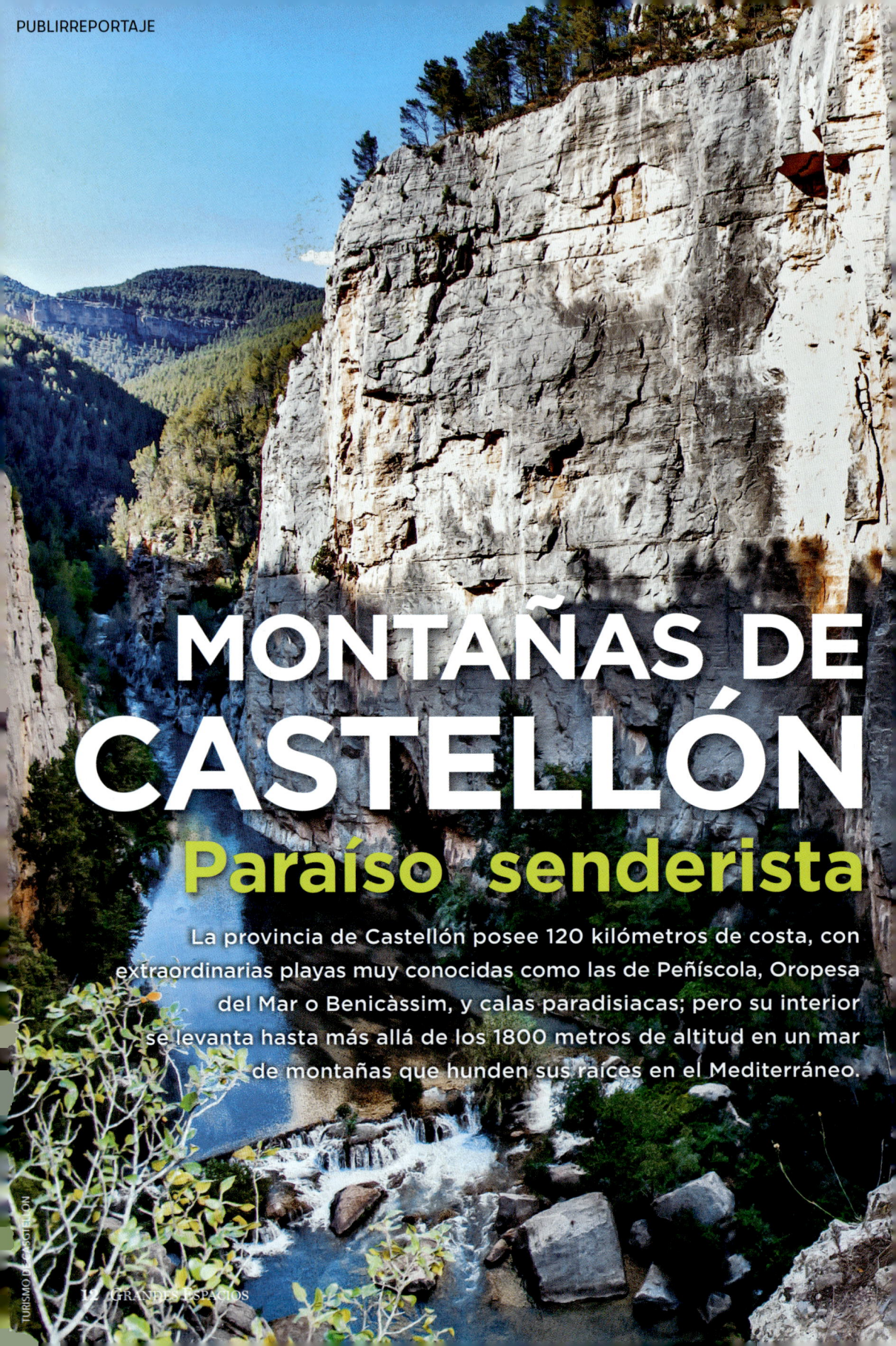

MONTAÑAS DE CASTELLÓN

Paraíso senderista

La provincia de Castellón posee 120 kilómetros de costa, con extraordinarias playas muy conocidas como las de Peñíscola, Oropesa del Mar o Benicàssim, y calas paradisiacas; pero su interior se levanta hasta más allá de los 1800 metros de altitud en un mar de montañas que hunden sus raíces en el Mediterráneo.

AUNQUE es un territorio cien por cien mediterráneo, la provincia de Castellón es muy montañosa en su interior, tanto que es la segunda provincia más montañosa de España.. Aquí, las estribaciones del sistema Ibérico conforman las comarcas naturales del Maestrazgo por el norte y la Sierra de Espadán por el sur. Entre ambas se alza Peñagolosa, que con 1813 metros de altura sobre el nivel del Mediterráneo es la segunda cima más alta de la Comunidad. Por su belleza y singularidad, este territorio es un paraíso para los excursionistas que tienen a su disposición muchos kilómetros de senderos. Y como muestra proponemos cinco recorridos circulares que dan la oportunidad de descubrir la gran diversidad paisajística de esta singular provincia de la Comunidad Valenciana.

Ares del Maestrat
Els Molins y la Mola

Esta ruta recorre parte del municipio de Ares del Maestrat, un pueblo encantador situado en la comarca de l'Alt Maestrat que merece nuestra atención. Recomendamos recorrer su casco urbano rico en patrimonio arquitectónico y cultural.

El recorrido nos llevará por antiguos molinos que aprovechan de una forma muy eficiente un

A la derecha, las casas de Ares del Maestrat se apiñan en una colina coronada por un peñón vertical. Debajo, las Penyes Altes iluminadas por el sol del atardecer. En la doble página anterior, el barranco de la Maimona en Montanejos.

FOTOS: TURISMO DE CASTELLÓN

bien escaso como es el agua. En el trayecto también podremos visitar del Centro de Interpretación Molí Sol de la Costa, situado en el Barranco de los Molinos.

Finalizaremos la ruta subiendo a la Mola d'Ares, típica formación montañosa de esta tierra, para divisar un paisaje espectacular y encontrar, de vuelta al municipio, una antigua nevera restaurada que se encargaba de surtir de hielo a numerosas poblaciones durante el verano y que es visitable.

Esta ruta la podemos realizar en dos etapas; una que nos lleva por el valle de los molinos y la segunda parte en la que ascenderemos hasta la Mola d'Ares, que sirve de lugar natural como lugar de pasto para la ganadería de la zona.

Longitud: 10.95 km / **Desnivel:** +438 metros / **Duración:** 3h y 40 min.

Artana
Les Penyes Altes y los Olivos monumentales

El municipio de Artana se encuentra en la comarca de la Plana Baixa y enmarcado por el Parque Natural de la Sierra de Espadán. Con salida y regreso al caso urbano de Artana, en la ruta encontraremos lugares muy interesantes como la Caseta del Tío Xoto, edificada con la técnica de la piedra en seco, el mirador a los pies de les Penyes Altes o Penyes Aragoneses donde podremos admirar las grandes agujas de rodeno que se elevan hasta el cielo.

Otro punto de interés en la ruta es el mirador superior de les Penyes Altes, desde el que divisar un extraordinario paisaje de las montañas de la provincia de Castellón. No menos sorprendentes son las vistas que se consiguen desde el mirador de la Ràpita, el punto más alto del recorrido, a 517 metros de altura, o los olivos monumentales de les Oliveres del Pla; siendo éste, el punto de regreso al lugar de inicio de este recorrido en el que habremos comprobado la importancia de los olivos en el paisaje de la provincia de Castellón, que cuenta con el mayor número de olivos milenarios inventariado en España.

Longitud: 11,6 km / **Desnivel:** +411 metros / **Duración:** 3h 20 min.

Benicàssim
Xuvellús y las Agujas de Santa Águeda

Gran parte del término municipal de la turística población de Benicàssim, comarca de la Plana

TURISMO DE CASTELLÓN

Arriba, el Desert de les Palmes, una serranía litoral que discurre paralela a la costa y tiene abundantes crestas y roquedo. En la otra página, el santuario de la Mare de Déu dels Àngels.

Alta, está ocupado por el Parque Natural del Desierto de las Palmas que posee numerosas rutas de interés en su territorio y que debe su nombre al monasterio del Desierto de las Palmas, fundado por la Orden de Padres Carmelitas que buscaban el «desierto» interior, mientras que la segunda parte del nombre se debe a la numerosa presencia de la única palmera endémica de Europa, el palmito *(Chamaerops humilis)*.

De todas las rutas senderistas de esta zona hemos escogido la que más nos acerca a uno los puntos más icónicos de la misma: las Agujas de Santa Águeda.

Partiendo desde el cementerio de Benicàssim, atravesaremos campos de naranjos, la fruta por excelencia de la provincia de Castellón, y subiremos hasta el paraje de Xuvellús. En el camino encontraremos fantásticas vistas del parque natural y de la costa con el Mediterráneo como fondo.

Desde allí crestearemos hasta el Coll de las Agujas. Aquí los más intrépidos podrán iniciar la subida hasta las diversas cimas de las Agujas, tramos de variada dificultad en el que se debe trepar y destrepar, siendo sólo aconsejable para personas muy acostumbradas a la montaña; para los demás, se iniciará la bajada por una técnica y divertida senda hasta el punto de partida.

Longitud: 13,7 km / **Desnivel:** +465 metros / **Duración:** 3h 35 min.

Montanejos
Barranco de la Maimona y río Mijares

La villa termal de Montanejos, situada en la comarca del Alto Mijares, ofrece paisajes singulares marcados por dos cursos de agua: el río Mijares y el barranco de la Maimona, que se encajan entre impresionantes paredes, aprovechadas también por numerosos escaladores, lo que convierten a la villa en una de las más importantes de España para practicar esta actividad.

La ruta nos llevará a atravesar lugares espectaculares: el barranco de la Maimona, la fuente de los Baños, el pantano de Arenoso, la Cueva Negra, los estrechos del río Mijares…

Como la ruta es larga, el Ayuntamiento de Montanejos ha señalizado la Senda de los Estrechos

del río Mijares, con una duración de tres horas, y una longitud y desnivel notablemente menor.

Un consejo: después de realizar cualquiera de las dos opciones, lo mejor es relajarse en el balneario de Montanejos y, como nuevos, regalarnos una buena comida aprovechando la extraordinaria gastronomía de la zona.

Longitud: 18,78 km / **Desnivel:** +641 metros / **Duración:** 6h 10 min.

Sant Mateu
Ermitas y vistas panorámicas

Recorrido circular que comienza en la carretera que va desde la localidad de Sant Mateu, en la comarca del Baix Maestrat, al santuario de la Mare de Déu dels Àngels. La ruta transcurre por la parte oriental del término municipal de Sant Mateu, capital histórica del Maestrazgo con un importante bagaje cultural y monumental que aconsejamos conocer.

Esta ruta, que sigue el recorrido del PR-202, tiene un trayecto con muchos matices y permite disfrutar de monumentos como la ermita de Sant Cristòfol y el espectacular santuario de la Mare de Déu dels Àngels, que cuenta con una preciosa ermita de arquitectura renacentista y decoración barroca, así como hospedería, patios, jardines, etcétera, y de magníficas vistas panorámicas del interior y de la costa del Maestrat en la subida el alto de la Bastida.

Longitud: 14.5 km / **Desnivel:** +407 **metros** / **Duración:** 4h 30 min.

La información de la red de senderos de Castellón puede consultarse en
https://www.turismodecastellon.com/es/que-hacer/rutaSenderismo

LA RIOJA
SIERRA DE LA DEMANDA

La Sierra de la Demanda es el macizo situado más al noroeste del Sistema Ibérico, lo que determina un clima, una vegetación y un ambiente con fuerte vocación atlántica. Repartida entre Burgos y La Rioja, es en esta última donde se levanta el mayor número de cimas por encima de los dos mil metros, entre ellas una que alcanza casi la categoría de mítica: San Lorenzo.

Además de un puñado de montañas que superan los dos mil metros y de unos bosques de ensueño, la Sierra de la Demanda riojana tiene muchas curiosidades geológicas, como las Peñas de Tobía o las de Anguiano, que aparecen en esta foto.

BLAS RUIZ

L O que más caracteriza a la Sierra de la Demanda es su variedad de paisajes, algo que debe a la multitud de valles que se forman entre los cordales que se desprenden de la larga alineación principal donde se levantan dieciséis cimas principales que sobrepasan los dos mil metros de altitud, entre ellas el San Lorenzo con 2271 metros de altura, techo de la Demanda y de La Rioja, y el San Millán (2131 m) punto más elevado de Burgos.

Basta echar un vistazo a un mapa para comprobar que estamos frente a una caótica acumulación de sierras y cordales, valles y barrancos que se extiende por territorio de La Rioja (su extremo occidental) y de Burgos (la parte central), pero sin unos límites perfectamente definidos en su parte meridional. El propio nombre puede dar lugar a equívocos. Por ejemplo, en la provincia de Burgos designa una comarca que también abarca las tierras mesetarias del valle de Arlanza, y en algunos mapas, la Sierra de Neila se incluye dentro de la Demanda. Por el sureste, el río Najerilla pone claramente los límites separando la Demanda de los Picos de Urbión.

Viene a cuento señalar que el nombre originario de la sierra era el de Arandio, un término claramente euskera, como muchos otros que riegan estas montañas que habló vasco durante mucho tiempo por haber sido repoblada por vascos y navarros después de expulsar a los árabes. En el siglo XVIII y a raíz de un litigio por los pastos entre Fresneda de la Sierra Tirón y Ezcaray, iniciado en el siglo xv y que se alargó hasta el XIX, comenzó a usarse el término actual.

La Demanda riojana

Una parte del cordal principal, que separa las cuencas del Duero y del Ebro, hace también de

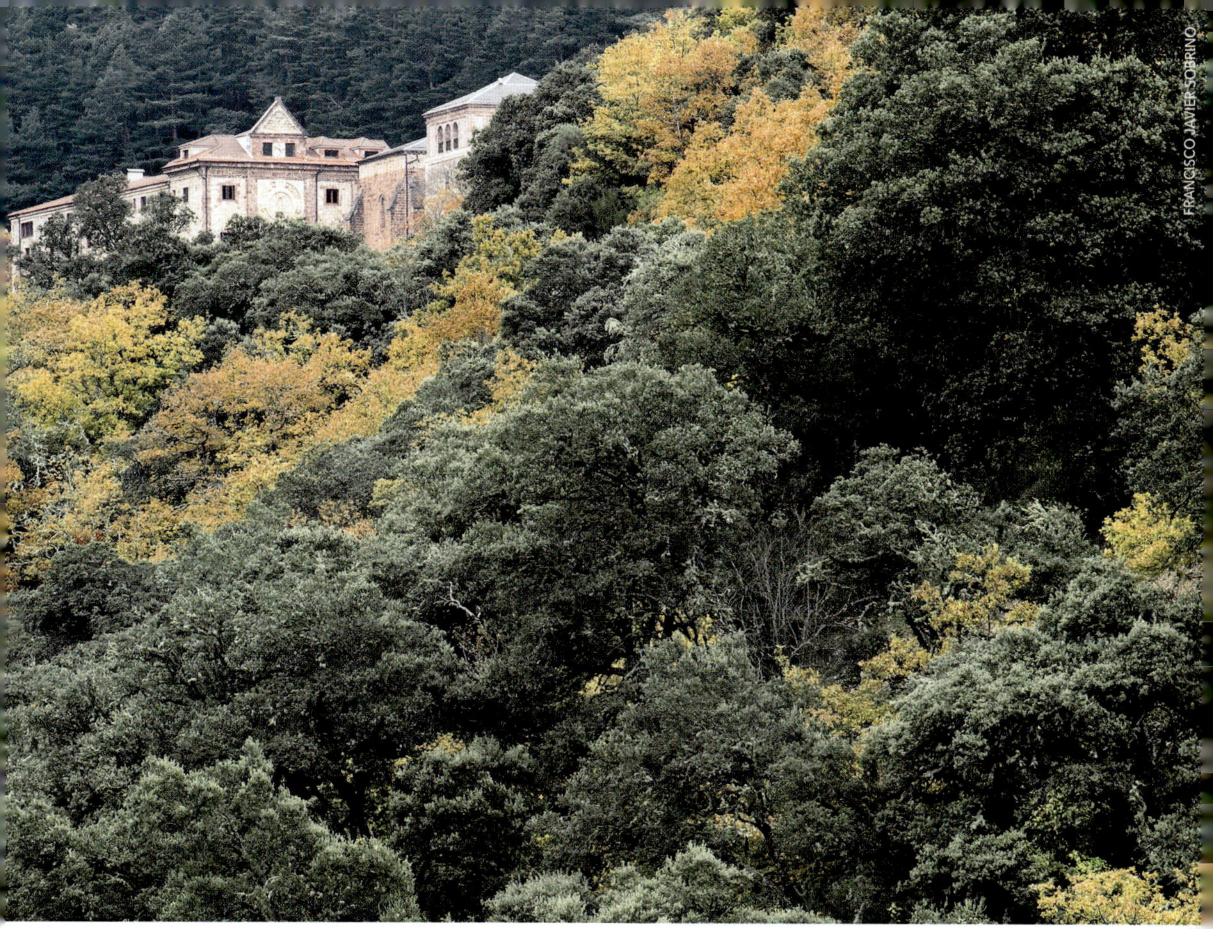

FRANCISCO JAVIER SOBRINO

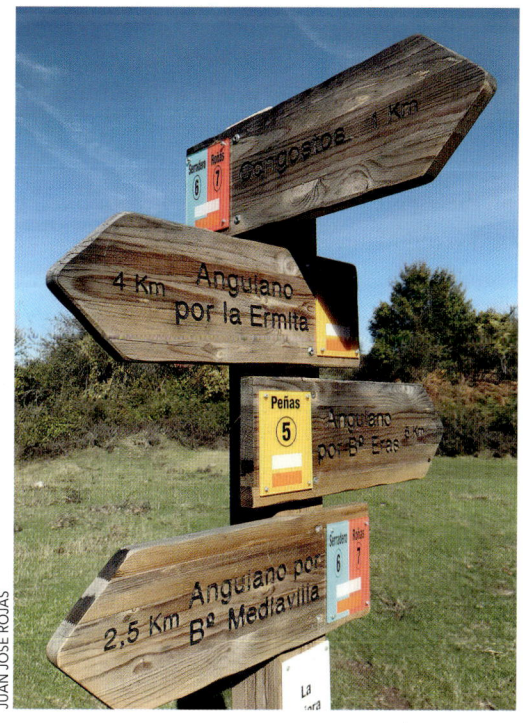

En la foto superior, el monasterio de Valvanera ocupa un valle cubierto por una frondosa selva de hayas y robles. A la derecha y a la izquierda, la sierra es un perfecto campo para el montañismo y el excursionismo, con senderos bien señalizados.

frontera natural y administrativa entre Burgos y La Rioja. Ya en territorio riojano, esta misma línea de cumbres, donde se acumula la mayor parte de los dosmiles, con el Otero en un extremo y el propio San Lorenzo en otro, forma un monumental circo que da lugar al valle por el que fluye el río Oja; no hay que ser muy despierto para ver que da nombre a la región aunque algunas teorías lo desmientan. En mitad del valle se encuentra la localidad de Ezcaray, villa histórica que puede considerarse la capital no oficial de la Demanda riojana.

Todo el valle, hasta que el Oja termina vertiendo sus aguas en el río Tirón, está cubierto de un

JUAN JOSÉ ROJAS

denso bosque atlántico, con predominancia de hayas y robles, y la presencia de especies tan raras como el abeto rojo y el abeto de Douglas. Diseminadas a lo largo del valle se encuentran pintorescas aldeas que son vivos ejemplos de arquitectura tradicional y que conservan huellas de las antiguas labores mineras y siderúrgicas que hicieron famoso al valle.

En el pico San Lorenzo, en cuya vertiente norte se halla una estación de esquí, el cordal principal

Puente sobre el río Oja en Ezcaray, capital extraoficial de la Sierra de la Demanda riojana. Ezcaray es hoy un atractivo turístico todo el año gracias a su medio natural en muy buen estado y a la estación de esquí de Valdezcaray.

gira hacia el suroeste formando la magnífica sucesión de dosmiles que forman Cabeza Parda y los cuatro Pancrudos. De esta cadena se desprenden otros tres hermosos valles: Cárdenas, Tobía y Valvanera. En la parte final del primero se encuentra San Millán de la Cogolla, localidad declarada Patrimonio de la Humanidad gracias al valor histórico y artístico de los dos monasterios que allí se levantan: San Millán de Suso, que se remonta al siglo VI y donde se conservan las Glosas Emilianenses, primeros testimonios escritos de las lenguas castellana y vasca, y San Millán de Yuso, conocido como el Escorial de La Rioja.

La Sierra de Pradilla separa Cárdenas del valle de Tobía, al que se le atribuye poseer los bosques más extensos y frondosos de La Rioja con el hayedo El Rajao a la cabeza.

El río Tobía escapa del valle por la puerta monumental que forman las Peñas de Tobía, unos prodigiosos farallones de conglomerado que forman un paisaje espectacular.

Un cordal que se desprende directamente del Alto de Pancrudo (curiosamente y pese a su nombre, no es el más alto del grupo) y que tiene el poético nombre de Peñas del Oro separa el valle de Tobía del de Valvanera, cubierto —como los vecinos— por un denso bosque atlántico que en otoño se convierte en una orgía de colores. No tuvieron mal ojo los religiosos que fundaron aquí un monasterio en los primeros años del siglo XV y que con el paso de los años se convertiría en el santuario enseña de La Rioja y lugar en el que muchos excursionistas riojanos comienzan la larga excursión que conduce a los Pancrudos.

ROBERFGARCIA / ADOBE STOCK

Algunos ejemplares del acebal de Valgañón alcanzan los diez metros de altura. Este porte y la superficie que abarca lo convierten en uno de los bosques de acebos más importantes de España.

ACEBAL DE VALGAÑÓN

La Sierra de la Demanda en general, y la riojana en particular,
es una reserva de bosques de todo tipo. Los hayedos, robledales y
pinares se llevan la palma, pero hay otras formaciones más
pequeñas que poseen una importancia especial por su singularidad.
Es el caso del acebal de Valgañón.

Texto: Pablo Izco / GE. Fotos: varios autores

L A imagen de una rama de acebo, con sus hojas brillantes y punzantes y sus bayas de intenso color rojo, es el símbolo de la Navidad en medio mundo. Como es un arbusto que exige ambientes húmedos y umbríos, en la península ibérica no es especialmente abundante. Suelen encontrarse de forma aislada en el sotobosque de robledales y hayedos especialmente; muy pocas veces forman grandes grupos dominantes. El acebo tiene una gran importancia ecológica al servir de refugio y alimento a numerosas especies, incluidas las domésticas, y también para el aprovisionamiento de leña, madera y forraje.

En La Rioja se encuentran algunas acebedas en Mansilla, Villavelayo y Castroviejo, pero es el situado en Valgañón el que destaca por su superficie —unas diez hectáreas notablemente mermadas por un incendio que abrasó los acebos de la parte burgalesa— y el porte de sus ejemplares que pueden superar los diez metros de altura con varios siglos de vida en sus ramas. Este acebal, que comparte terreno con hayas y

quejigos y, en menor medida, con tilos y fresnos, configura una de las acebedas más distintivas y mejor conservadas no ya de la región, donde está incluido en las Áreas de Vegetación Singular, sino de toda de la península ibérica.

Alrededor del mismo se extiende la Dehesa de Valgañón, una amplia área de praderas donde el ganado pace en libertad entre dispersos ejemplares de endrinos, rosales y otros muchos acebos de todos los tamaños, moldeados por el ramoneo del ganado.

ITINERARIO

Valgañón está situado en el valle del río Ciloria, en la zona septentrional de la Sierra de la Demanda, rodeado por una abrupta zona de montes entre los que destaca el pico de Torocuervo (1933 m). Es, pues, un buen sitio para hacer senderismo y montañismo. La excursión que aquí nos ocupa comienza en la plaza, donde se encuentra la ermita de San Andrés y el Ayuntamiento.

Los primeros metros discurren por la calle de la izquierda de la iglesia hasta la carretera que

A la izquierda la laguna de la Dehesa de Valgañón. Debajo, el sendero por el robledal. Como puede observarse, el itinerario está marcado con puntos rojos. Debajo, bayas de acebo y un cartel que señala la dirección del acebal.

PABLO IZCO

PABLO IZCO

DAVID GRANADOS

hay que cruzar para dirigirse al antiguo molino harinero y el cementerio, donde también se puede comenzar la ruta. Una vez allí hay que continuar por el camino de la derecha delimitado por muros de piedra e hileras de avellanos.

No tarda mucho el camino en dar un giro de noventa grados y cruzar el río Ciloria. Pocos metros más adelante el camino se divide. Hay que tomar el ramal de la izquierda. Justo al llegar a una nave ganadera dejamos la pista y tomamos un camino que comienza a ascender suavemente por el fondo del valle y a la sombra del bosque.

Después de una subida pronunciada conectaremos con una senda que circula a media ladera entre robles quejigos y algún rebollo.

La senda va virando a la izquierda y gana altura suavemente por un hayedo con el suelo tapizado de manchas de jacinto estrellado. Finalmente, y tras varios zigzags, saldremos a una zona despejada desde donde se tienen buenas panorámicas del valle del Ciloria con Zorraquín en primer término y Ezcaray al fondo.

El camino se adentra suavemente en el acebal de Valgañón. El porte de los ejemplares y la

Apariciones marianas y agua por tres tubos

Nuestra Señora de las Tres Fuentes es patrona de Valgañón desde el siglo XVII, si bien el templo fue edificado en el siglo XIII. La historia cuenta que en 1218, el rey Fernando III de Castilla, en compañía de su madre Berenguela de Castilla y del obispo Mauricio de Burgos, visitaron la villa donde se aseguraba que la Virgen se había aparecido a una pastora, y pusieron la primera piedra de la iglesia. Del edificio primitivo quedan la portada, el ábside y la escalera de caracol de la torre ya desaparecida. A su lado una fuente de tres caños mana todo el año. El manantial, situado en una finca al norte del templo, fue acondicionado a finales del siglo XVII para evitar la contaminación de las aguas.

sombra que proporcionan explica que el ganado que pasta por los alrededores busque cobijo en su interior los días calurosos.

Se puede deambular libremente por el acebal buscando los ejemplares más sobresalientes, pero siempre habrá que retornar a la senda que ha de guiarnos hasta el pastizal.

También por las pradera se puede vagabundear siempre que se tenga como referencia la línea formada por el bosque y matorral de la izquierda para llegar a la laguna de la Dehesa. Esta lámina de agua es una de las escasas y valiosas lagunas semi naturales de montaña de la

Demanda. Es pequeña —no llega a una hectárea— pero muy importante porque en ella viven ocho especies de anfibios y una decena de especies de libélulas. Durante el estío apenas tiene agua y la que permanece queda casi cubierta de carrizos. Para evitar la entrada del ganado se construyó una valla que la circunda. Está incluida dentro del Inventario Español de Zonas Húmedas. Junto a la laguna hay una pequeña cabaña abierta que utilizan los pastores.

A la izquierda del desagüe de la laguna da comienzo el camino de regreso que se adentra en el barranco. Al principio, el camino discurre por

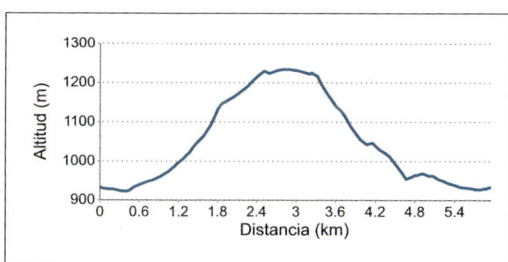

FICHA TÉCNICA

COMIENZO: localidad de Valgañón.
TIPO: circular.
LONGITUD: 6 km.
DESNIVEL: +546 m
CARTOGRAFÍA: hoja 240-1 del IGN. 1:25 000.
TRACK: https://desni.in/acabalvalganon

la umbría del barranco a la sombra del hayedo pero enseguida pasa a la solana ocupada por un quejigal adehesado con gruesos troncos que han soportado numerosos incendios a lo largo de los años.

El camino desemboca en una curva pronunciada de la carretera LR-111 donde hay un pequeño parque y un mirador. Hay que continuar bajando, ya con Valgañón en frente. La cubierta de la iglesia de Tres Fuentes aparece a la derecha sobresaliendo de la arboleda de castaños y tilos que la rodean. La bajada —corta pero empinada— nos deposita de nuevo en la carretera por la que hay que caminar poco menos de 300 metros para llegar a la iglesia. A la vera del ábside románico mana la fuente inagotable de tres caños de la que toma nombre el templo.

Desandamos la carretera hasta el mismo lugar donde ingresamos en ella para continuar por la pista de la derecha que se abandona enseguida por el antiguo camino de Tresfuentes. El camino discurre bajo un palio de árboles, pasa por la ermita de San Vicente y sale a la carretera. Justo al otro lado del asfalto aparece un camino que conduce al cementerio. El resto es ya terreno conocido.

Los robles de la Ganchera ofrecen su fresca sombra al caminante, algo que es muy de agradecer en los rigores del verano.

ROBLEDAL
DE LA GANCHERA

En el valle del Alto Oja llegaron a funcionar entre once y trece ferrerías que fundían y transformaban los minerales de hierro, cobre, plomo y plata extraídos en la docena de minas repartidas por el monte. La actividad siderúrgica, insaciable devoradora de carbón vegetal, dejó maltrechos los bosques de los montes de Alto Oja. Al cerrarse las ferrerías el monte se recuperó y hoy podemos disfrutar de bosques tan hermosos como el robledal de la Ganchera.

// Texto: Pablo Izco/ Redacción GE. Fotos: Varios autores

L A importancia que en el pasado tuvo Zaldierna queda reflejada en su denominación como «capital de las aldeas» del valle del alto Oja. En la actualidad es la aldea mejor conservada de la zona con un pintoresco conjunto que forma la iglesia de San Sebastián, asentada sobre un gran muro de contención y el puente con escalera sobre el arroyo Zambullón que da acceso a la iglesia.

ITINERARIO

Es la iglesia, precisamente, el lugar donde comenzamos la excursión dirigiéndonos al pueblo que atravesamos por la calle central en busca de la pista que sube por el valle del arroyo Cilbarna. En un centenar de metros un carril intercepta por la derecha la pista. Hay que continuar por él lo que nos hace cambiar completamente la dirección que traíamos. La pista se sitúa por encima del pueblo dominando el casco urbano y las riberas del Oja, yen un suave descenso llegar al robledal de La Ganchera.

El robledal está formado por robles rebollos y representa una masa forestal importante de esta especie en el alto Valle del Oja. Al inicio del bosque hay que desviarse por a una senda que parte a la izquierda en dirección a los bancales que ocupaban antiguos cultivos. Muros medio

DANIEL P. ACEVEDO

FOTOS: PABLO IZCO

Arriba, la aldea de Zaldierna vista desde el sendero.
Debajo, colmenas tradicionales y en activo camino
de la mina Marte. En la foto grande, la iglesia de
San Sebastián a la que se accede por un singular
puente con escaleras.

derruidos limitan fincas abandonadas ocupadas por el robledal. Despúes de cruzar un barranco seco el camino llanea a media ladera hasta la aldea de Azárrulla, desembocando en una fuente abrevadero que mana al final del barranco de Gabazulla.

Cruzamos la aldea, a cuyos habitantes, al igual que a los de San Antón, Zaldierna y Posadas, se les conoce como Borrineros. En el centro de la aldea está la iglesia de la Virgen de Las Candelas. Esta iglesia y la de San Antón se turnan la custodia de talla del santo. Todos los 13 de junio, la imagen es llevada en procesión a uno u otro templo donde permanecerá todo un año.

Cruzamos la carretera que va hacia el Alto de la Cruz de la Demanda para continuar por la que se dirige a San Antón. El hotel que vemos a nuestra izquierda ocupa algunas de las dependencias de los que fueron unos importantes altos hornos propiedad de la sociedad Perujos e Hijos, unas instalaciones que comenzaron a funcionar a mediados del siglo XIX y que utilizaba los medios más revolucionarios de la época.

La minería del Oja

Aunque es difícil establecer el origen de la minería en el valle alto del Oja, se sabe a ciencia cierta que a mediados del XVIII esta actividad estaba plenamente asentada explotándose minas de hierro, cobre, plomo, plata e incluso oro, aunque esto último tenga más visos de leyenda que de realidad. Las explotaciones fueron pequeñas pero abundantes en número, y seguían una especie de alineación entre Posadas y Turza destacando las ubicadas en Azárrulla – minas de Ortaura– y San Antón –mina Marte–, explotaciones que llegaron a tener cierta importancia en el siglo XIX y principios del XX, sobre todo la segunda. La mina Marte fue descubierta por un tal Pedro de la Torre a mediados del siglo XVIII y funcionó hasta los primeros años del siglo XX, cuando cerró por agotamiento de la veta. Parece ser que durante la Guerra Civil se extrajo mineral para abastecer al bando franquista. El mineral de hierro que se extraía se fundía en la gran y «moderna» ferrería de Posadas y más tarde en la de Azárrulla que llegó a tener altos hornos. Hay que señalar que las ferrerías y la industria textil necesitaban mucha madera ya que el carbón mineral escaseaba, así que para obtener carbón vegetal las talas de robles, hayas, escobas y brezos fueron tremendas y dejaron el monte pelado, algo que ya habían pronosticado los aldeanos que se habían opuesto a la instalación de la ferrería en Posada.

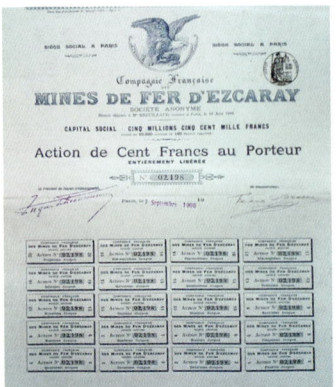

Caminaremos unos 350 metros por la carretera en dirección a San Antón. La aldea es conocida por la mina de hierro Marte, que junto con la mina Tres Hayas es la explotación más grande del sector de Ezcaray. Sobre el pueblo, en la ladera, se aprecian numerosas bocaminas. Hacia la más importante de ellas, la llamada por los aldeanos Cueva Grande, nos dirigimos por el camino que remonta el arroyo Rogaldia. A la salida del pueblo encontramos un conjunto etnográfico formado por el lavadero, el horno comunal y un colmenar construido con troncos huecos.

Tenemos que desviarnos a la derecha por una senda para llegar a una de las entradas de la mina Marte —el Hundido— cuyo acceso se encuentra cerrado por el peligro de desprendimientos. Seguimos ladera arriba sin un camino en busca de la Cueva Grande. Como la anterior, la entrada no está permitida por el peligro de desprendimientos. Esta mina, que tiene al principio una sala tan grande que hasta se pensó utilizarla para un concierto de la banda municipal, ha recibido muchas visitas de coleccionistas de minerales que buscaban sus preciosos aragonitos parecidos a estrellas de coral. Las galerías se han convertido en el hábitat de una nutrida comunidad de murciélagos.

Regresamos a San Antón por el mismo camino que hemos seguido para subir a la mina. L próxima referencia es el cementerio donde conectamos con Cañada del Oja, una antigua vía pecuaria que viene de Burgos cruzando la Cruz de la Demanda y llega hasta Villalobar de Rioja donde enlaza con la vía pecuaria denominada Calzada de los Romanos

El trazado, en ligero descenso y rodeado de pastizales, nos lleva hasta la pasarela sobre el río Oja, pasando por rodales de acebo y a la sombra de una fresneda en la parte final. Al otro lado del río está Zaldierna, principio y final de esta sencilla excursión.

En septiembre del 2022 un incendio estuvo a punto de achicharrar el robledal de la Ganchera. Comenzó a pocos metros de las casas de Azárrulla y ardieron unas 20 hectáreas de matorral y arbolado.

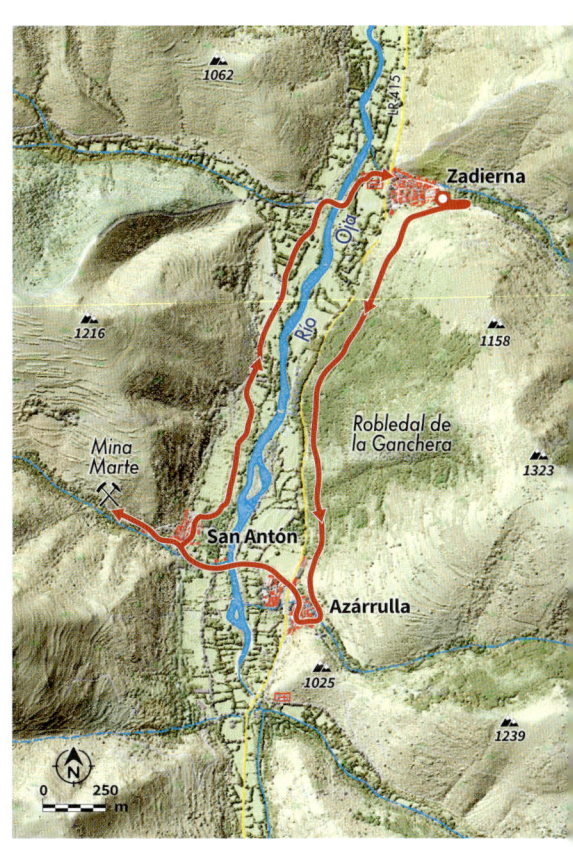

FICHA TÉCNICA

COMIENZO: localidad de Zaldierna. **TIPO:** circular.
LONGITUD: 6 km.
DESNIVEL: +133 m.
CARTOGRAFÍA: hoja 240-1 del IGN. 1:25 000
TRACK: https://desni.in/robledalganchera

Un curioso buzón de cumbre —sin buzón, pues el libro
y las notas están protegidos en una bolsa de plástico—
corona la cima del Necutia Norte o Alto del Palancar.
Las grandes vistas van a ser una constante todo el día.

PICOS NECUTIA Y GATÓN

El río que da nombre a la región riojana nace en la parte alta de un valle de gran riqueza natural y paisajística rodeado de cumbres que superan los dos mil metros entre las que destacan los picos Otero, Gatón y Necutia, todos objetivos montañeros de primera categoría, aunque aquí vamos a poner el foco en los dos últimos.

Texto y fotos: Adrián Arévalo

EL PICO GATÓN es una cumbre con unos bellos escarpes esquistosos en su vertiente sur que ocupa el extremo meridional del largo cordal que comienza en el Pico Chilizarrias y va sumando dosmiles, entre ellos el Pico San Lorenzo —«techo» de la Demanda riojana y de toda la región— hasta llegar al San Millán, ya en tierras burgalesas, no sin antes haber hecho un quiebro hacia el norte justo en el lugar donde está el Gatón.

Hay varios puntos de arranque para llegar a su cumbre. El más «relajado» aunque no el más corto comienza en el Alto de la Cruz de la Demanda, que se encuentra a 1855 metros de altitud. Hasta el alto llega la LR-415, una estrecha carretera que en origen fue una pista que se asfaltó para ser escenario de competiciones ciclistas. El puerto ha sido final de etapa de la Vuelta Ciclista a España hasta en cuatro ocasiones, la ultima vez en 2001. Una vez en el alto, la pista continúa a lo largo de unos 15 kilómetros por el cordal que circunda la cuenca del río Oja a escasa distancia de las cumbres, lo cual desmerece mucho a la sierra. En invierno, la carretera se cubre de nieve y queda cerrada al tráfico por lo que es el momento de hacer ascensos partiendo desde Posada.

También se puede atacar el Gatón desde el área recreativa del Llano de la Casa, en la misma carretera pero muchos metros por debajo del alto, o por el barranco de Ortigal, acaso uno de los valles de montaña más hermosos y salvajes de la Sierra de La Demanda riojana, cubierto de vigorosos bosques húmedos caducifolios que se entremezclan con pequeñas repoblaciones de pino silvestre y abeto de Douglas. Su

Sobre estas líneas, la exigente Loma Guirindola. Debajo, cubriendo el primer kilómetro por el camino que servía de acceso a las minas Guirindola. En la otra página, el valle del río Oja visto desde lo alto del Necutia. Se aprecia el tejado de la antigua central hidroelectrica.

escaso grado de alteración da una idea de lo que en su día pudieron ser los primitivos bosques vírgenes que cubrieron por completo este valioso espacio.

Por todo ello, y por contar con un camino balizado como sendero de pequeño recorrido, aquí proponemos subir al Gatón por Ortigal y bajar por la Loma Guirindola, Guirindolla o Guirindoia. Hay que tener en cuenta que es un descenso muy exigente por terreno incómodo que apenas da descanso y que llega a atravesar un corto tramo de bosque donde el sendero ha desaparecido comido por la vegetación.

ITINERARIO

El arranque está en 2,5 kilómetros después de pasada la aldea de Posadas, en una curva cerrada en la que carretera comarcal LR-415 que sube al Alto de Cruz de la Demanda cruza sobre el arroyo Ortigal. En este punto comienza una pista que sube suavemente por la margen izquierda orográfica del arroyo Ortigal. Las riberas están pobladas por un importante bosque mixto, formado principalmente por fresnos, avellanos, arces, sauces, algunas hayas dispersas en el borde, alguna de gran porte y singularidad y ejemplares de robles albares.

Poco antes de cubrir el primer kilómetro encontraremos una senda que parte hacia la derecha señalizada con una baliza que indica la proximidad del Haya de los Pastores o Haya de Arguibia, un añoso árbol cuya edad se estima en más de 450 años y catalogado como Árbol Singular. Se considera el haya más vieja que existe en toda la geografía riojana. Este mismo camino, que salva la fuerte pendiente y los barrancos me-

La bajada por el hayedo que sucede a la Loma Guirindola pondrá a prueba las rodillas. Debajo, la silueta metálica de un gato que hay en la cumbre del Pequeño Gatón. En la foto grande, comienzo del largo descenso.

diante numerosos zigzags soportados por refuerzos y contrafuertes de piedra seca, era el utilizado para bajar en mulas la siderita (mineral de hierro) desde las minas Guirindoia situadas dos kilómetros más arriba para llevarla hasta la ferrería de Posadas, donde se extraía el hierro.

Una media hora después de comenzar a andar llegamos a una bifurcación. Hay que abandonar el camino principal que continúa por el barranco de la izquierda y tomar un sendero a la derecha. El camino gana metros cruzando dos veces un arroyo afluente del Ortigal por rústicos puentes de madera y pasando por la fotogénica Cola de Caballo, un salto de agua que se reparte a lo largo de varias cascadas escalonadas y que es conocido popularmente como los Chorretes de Necutia.

La pista termina y salimos a terreno abierto en la amplia cabecera del arroyo continuando por un sendero que remonta zigzagueando la fuerte pendiente hasta el circo de origen glaciar que se forma entre los picos Necutia y Gatón.

Toca ahora atravesar la cuenca del circo —una tarea que no conlleva ninguna dificultad pues está cubierta de prados— para atacar la fuente pendiente que conduce al portillo de Necutia donde encontraremos la ancha pista que recorre el cordal y a la que se hizo referencia en la introducción.

Al este se levanta el Peñón Espelzia y al oeste aparece en primer término el Pico Necutia a la derecha de la pista, y mas lejos el Gatón al suroeste.

Pese a su proximidad vamos a dejar el Necutia para después, y nos dirigimos directamente al Gatón por la pista hacia la derecha (oeste). Dejaremos el Necutia a nuestra derecha y cuando lleguemos a la altura del Gatón, que queda a la izquierda de la pista, ascendemos campo a través ara alcanzar su cumbre; cumbre, que, al

Un tramo de bosque en el descenso. Debajo, un cartel en la curva de la carretera LR-415 donde se inicia la excursión.

igual que todas las cimas de la Demanda, posee un «original» buzón.

Las vistas hacia todas las vertientes son excelentes. Podemos ver la continuación de la sierra de La Demanda, así como las sierras de Castejón, de Camero Nuevo de Cebollera, Urbión, Neila… un océano de montes se abre ante nuestros ojos.

Para rematar la faena podemos plantearnos ir hasta el Gatón Pequeño que está un tiro de piedra hacia el sur. Para hacerlo hay que bajar de nuevo a la pista y seguir por ella hasta el collado Gatón donde hay que buscar un senderillo que alcanza la cima del a veces llamado Monte Tito. La silueta metálica de un gato instalada por el Club Bilibio de Haro hace una referencia explícita al topónimo.

Regresamos al collado y desandamos la pista hasta acercarnos al Pico Necutia cuya cumbre se alcanza fácilmente por un senderillo. Como curiosidad cabe destacar que en el mapa de IGN aparece denominado como Necotiu. La cumbre, como es habitual en todas las del cordal, tiene un original buzón de cumbre

Comenzamos el regreso por un cordal secundario que se dirige al norte. A poca distancia está el necutia Norte, media docena de metros más bajo que el hermano mayor. Aquí comienza el duro descenso por un cordal surcado por trazas intermitentes de sendero. Pese a que el sendero se borra a menudo, el rumbo es muy evidente: basta mantener el cordal, aunque al entrar en el bosque, la hojarasca lo pone más difícil obligando a ir atento al track. El cordal es muy inclinado, aunque hay tramos que dan un respiro a las rodillas.

Después de una pequeña elevación comienza la Loma Guirindola donde el sendero está más definido. Y así se alcanza una pista que va por el cordal y hasta que lo abandona bruscamente para desembocar en la carretera LR-415. Sólo unos 200 de asfalto nos separan del punto de partida.

FICHA TÉCNICA

COMIENZO: puente sobre el arroyo Ortigal. Carretera LR-415, dos kilómetros pasada la aldea de Posadas.
TIPO: circular.
LONGITUD: 14,50 km
DESNIVEL: +1116 m.
CARTOGRAFÍA: hoja 240-3 del IGN 1:25 000.
TRACK: https://desni.in/picogaton

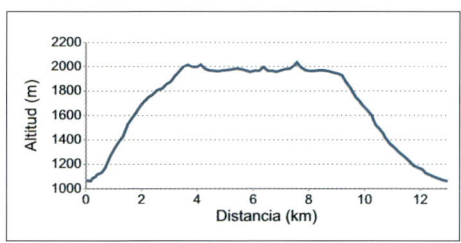

RUTA DE LOS SIETE PUENTES

En el barranco del arroyo Usaya vive un hayedo maduro que los expertos consideran uno de los bosques mejor conservados de la Sierra de la Demanda riojana. Un camino recorre el fondo del valle vadeando el arroyo hasta en siete ocasiones por unas pequeñas pasarelas de madera que han dado nombre a una sugerente excursión.

Texto: redacción GE. Fotos: varios autores

Mientras que la umbría del valle de Usaya está cubierta por un espeso hayedo, la solana está casi desprovista de árboles. En la foto, un grupo de excursionistas baja por la ladera solana. Al fondo, se levanta el Alto de Torocuervo.

EL arroyo Usaya nace al pie de Pico San Lorenzo y desciende rápidamente hasta juntar sus aguas con el río Oja en la población de Azárrulla. Su corto viaje se desarrolla por el fondo de un profundo valle, casi un barranco, con dos laderas muy diferentes. En la umbría vive un hayedo excepcional mientras que la solana está prácticamente desarbolada. Por ambas vertientes discurren senderos que permiten hacer una excursión circular que tiene el rango de clásica y que algunas publicaciones especializadas colocan entre las más bonitas de España.

La excursión es apta para todos los públicos, y se puede realizar sin problemas con niños y perros. Sólo si el arroyo baja con mucho caudal puede surgir algún contratiempo. Incluso los puentes que dan nombre al recorrido tienen una malla metálica para evitar los resbalones.

La ruta se inicia a la salida de la localidad de Azárrulla, una aldea situada a unos siete kilómetros de Ezcaray en la carretera que sube al Alto de la Cruz de la Demanda y que tuvo una gran reputación de herreros en el siglo XIX, como por otra parte delata su nombre, pues el nombre Azárrulla, que proviene, como tantos otros topónimos de la Demanda riojana, del vasco, hace referencia a la ferrería. La aldea conserva un bonito aire montañés con sus casas de piedra y sus techos de teja roja. El automóvil se puede estacionar en una zona habilitada donde hay varios paneles con información de rutas de senderismo y BTT. Hay que señalar que el reco-

La mitad de la excursión transcurre por un precioso hayedo enriquecido con la presencia de cerezos silvestres, arces, serbales y olmos de montaña. Debajo, la rústica iglesia de Azárrulla construida en 1831. Debajo, un poste de la red de senderos de Ezcaray en el cruce de las minas de Ortaura.

ARCHIVO GE

JUAN JOSÉ ROJAS

rrido que vamos a realizar está señalizado con marcas blancas y amarillas de sendero de pequeño recorrido, pero por ningún lado aparece su matrícula.

ITINERARIO

Iniciamos nuestro camino en este punto, cruzando un paso canadiense. El camino va inicialmente paralelo a la carretera de la Cruz de la Demanda y entra en el valle del río Usaya. Al principio es un carril cómodo hasta el desvío de la vereda de montaña que entra en el valle. Tardaremos una media hora en llegar al primer puente. Hasta aquí hemos ido por la vertiente de solana refrescados por la sombra que ofrecen los chopos, fresnos y nogales, pero a partir de aquí

iremos adentrándonos en un precioso hayedo enriquecido con la presencia de cerezos silvestres, arces, serbales y olmos de montaña. Los sucesivos puentes irán apareciendo así como algunos muretes de piedra seca y tramos empedrados que nos dicen que pisamos un viejo camino.

Vamos ganando altura y se van haciendo visibles las peñas y collados que nos rodean, Peña Colorada, los colladitos de Alzúrzuña, el monte Onrábarra, más próximo al río y, al fondo, el monte Picolarronda.

Los puentes se suceden cada pocos metros, siempre con el monte Usaya a nuestra izquierda y rodeados de hayas. Después de pasar sobre el séptimo puente, justo por debajo de donde se forma una pequeña cascada escalonada, llegamos al punto clave de la excursión. Un poste señala dos posibles direcciones a seguir. Hacia la derecha indica el camino de la aldea despoblada de Altuzarra. La opción de Altuzarra pasa por esta aldea de montaña y después baja al valle del Oja, regresando a Azárrulla por una antigua ve-

reda tradicional cerca del cauce del río. Hacia la izquierda el cartel dirige a la Solana Usaya, que es la versión principal.

Tomamos pues esta dirección e inmediatamente cruzamos los dos arroyos madre del Usaya para situarnos en la solana del valle. El paisaje cambia drásticamente pues dejamos atrás las hayas y nos adentrarnos en un bosque de pino de repoblación del que tardaremos en salir unos veinte minutos.

Dejamos atrás el pinar y entramos una zona abierta de praderas de alta montaña conocida por los habitantes de la zona como Obícolla, a más de 1400 metros de altitud. Debemos estar atentos en este tramo a las señales de continuidad del sendero y a los pequeños hitos de piedra que marcan el camino que gira hacia nuestra izquierda en unos 45 grados y continúa descendiendo, de nuevo entre los pinos. Unos minutos después volveremos a salir del abrigo de los pinos y alcanzaremos la solana. La altura y el terreno despejado hace posible ver las altas cum-

bres de la Demanda como el San Lorenzo, Campos Blancos, Torocuervo, etcétera.

El sendero pierde altura por la ladera cubierta de matorrales y vegetación baja como espinos, enebros, aulagas y helechos que contrasta poderosamente con el bosque de la otra vertiente. En la bajada pasaremos por las ruinas de las minas de Ortaura, abandonadas a principios del siglo XX. En ellas se extraía pirita, siderita, oligisto y otros minerales de hierro que transportaba a la ferrería de Azárrulla para ser fundido y convertido en piezas de hierro. Esta ferrería, que llegó a tener altos hornos, la montó a mediados del siglo XIX un empresario textil de Ezcaray acuciado por la creciente demanda de piezas de hierro forjado para sustituir a las piezas de madera de la maquinaria textil.

Y así, sin ninguna posibilidad de despiste llegaremos al punto de partida. Si nos interesa el arte antiguo hay que acercarse a la sencilla iglesia del pueblo que guarda una talla románica de la Virgen de comienzos del siglo XIII.

FICHA TÉCNICA

COMIENZO: localidad de Azárrulla, 936 m. **TIPO:** lineal. **ALTURA MÁXIMA:** 1486 m. **LONGITUD:** 10,1 km. **DESNIVEL:** +590 m. **CARTOGRAFÍA:** hojas 240-1 y 2 del IGN. 1.25 000. **TRACK:** https://desni.in/sietepuentes **OBSERVACIONES:** durante el verano es aconsejable hacer el recorrido en sentido inverso aprovechando las primeras horas de la mañana para cubrir el tramo de solana y bajar por el hayedo cuando el sol aprieta.

En la otra página, otro momento del descenso. Se puede observar un poste con la característica marca de sendero de pequeño recorrido que, sin embargo, no aparece en el catálogo de senderos PR de La Rioja.

La vertiente norte del San Lorenzo vista desde la llanura riojana con sus inevitables viñedos. Entre Peña Parda, que es la cima de la izquierda, y el San Lorenzo se advierte el final de un telesilla de la estación de Valdezcaray.

PICO SAN LORENZO (2271 m)

Punto culminante de toda la Sierra de la Demanda y de La Rioja, el San Lorenzo, o Cuculla, es uno de los referentes visuales del norte de la península ibérica, sobre todo cuando la nieve realza su perfecta silueta cónica. Una carretera que «acaricia» su cumbre y la presencia de una estación de esquí en su vertiente norte le restan calidad montañera. Pero esto tiene remedio: sólo hay que buscar un itinerario que ofrezca más y mejor interés excursionista y paisajístico.

Texto: Blas Ruiz / GE. Fotos: varios autores

L A apertura de la estación de esquí de Valdezcaray en 1976 fue clave para frenar la despoblación de los pueblos situados alrededor de la cima de la Sierra de la Demanda, pero el precio a pagar fue muy alto: la «destrucción» del ejemplo de glaciarismo más valioso de toda la sierra.

Esta soberbia montaña, llamada Dercertio o Dercetius por las tribus celtas y Cuculla por los medievales dado su parecido razonable con la capucha del hábito de los monjes, ocupa el segundo podio en todo el Sistema Ibérico y el primero en el ranking de la Sierra de la Demanda.

Por eso «duele» tanto que se una gran parte de su categoría sea haya devaluado con la apertura de pistas que dejan la cumbre al alcance de la mano sin invertir en ello mucho esfuerzo. Mas no hay que dejar por ello de apuntar en la agenda su ascensión. Si uno no anda sobrado de fuerzas puede hacerlo desde el Alto de las Tres Cruces, desde el Portillo de Nestaza o desde la propia estación de esquí. Pero si uno busca una buena experiencia montañera deberá poner el foco en otras rutas más «salvajes» como la que tiene su kilómetro cero en la aldea de Urdanta y circunda todo el valle del arroyo Rehoyo en cuya cabecera se halla la estación de esquí. La longitud, el desnivel y las dificultades de orientación convierten a esta excursión en una actividad de alto nivel.

ITINERARIO

En el mismo Urdanta comienza la pista que se introduce en el boscoso valle del arroyo Rehoyo por su margen derecha. Los primeros metros de nuestro largo periplo van a discurrir por ella,

BLAS RUIZ

Arriba, la muy adornada cumbre del San Lorenzo: vértice geodésico, altar y una imagen de la Virgen sobre una peana. En días buenos se ve prácticamente toda La Rioja y hasta los Pirineos. Debajo, un emotivo monumento en la cima del Cuña en recuerdo de un montañero.

pero enseguida, poco después de dejar atrás el cementerio, hay que vadear el cauce y comenzar una fuerte subida por una vieja pista que se aleja del arroyo y que parece no haber sido utilizada desde hace mucho tiempo a juzgar por la vegetación que crece en su márgenes y que sólo ha dejado practicable el pasillo central.

A medida que se avanza, el bosque se va haciendo más ralo, la pista se va ensanchando y comienza a describir lazadas que hacen más llevadera la subida por la empinada ladera. La meta inmediata es llegar a un cordal muy cerca del Cerro Embautia. El cerro se levanta a 1721

metros de altitud, lo que significa que nos hemos metido entre pecho y espalda unos 700 metros de desnivel en muy poca distancia.

Por sendero descendemos de la cima del cerro por la vertiente opuesta del cordal hasta el collado herboso que precede al Cerro Turraguas, la siguiente cumbre del cordal desde este herboso collado, asciendo por sendero a la cima de la siguiente cota en cresta, el Cerro Turraguas. Y otra vez descenso a un nuevo collado donde coincidimos con una pista que cumbrea el cordal aunque rodea la cima del Cerro Colocobia, algo más prominente que las anteriores, de

modo que si queremos apuntarla en la jornada hay que salirse de la pista y subir por un sendero.

Y una vez más, toca perder algo de altura rumbo al collado Porticolato, a donde llega un remonte de la estación de esquí. La cumbre del San Lorenzo está a la vista pero nos quedan por salvar unos 300 metros de desnivel por un incómodo sendero hasta alcanzar la cima que se encuentra profusamente «adornada» con un vértice geodésico, un altar y un buzón.

La cima es insulsa, pero el panorama que nos rodea supera cualquier descripción. Contemplamos sin obstáculos toda la Sierra de la Demanda;

Arriba, el San Lorenzo visto desde el Pancorbo. Debajo, un bonito ejemplar de mariposa Apolo encontrado en la subida.

y si el día es especialmente diáfano, veremos parte de la cordillera Cantábrica y hasta los Pirineos occidentales. Una hermosa vista que contrasta con la fealdad de las instalaciones de la estación.

Iniciamos la segunda parte de la jornada descendiendo el cordal noreste de San Lorenzo por un sendero en donde aflora algo la roca, hasta llegar al portillo Nestaza, que separa San Lorenzo de Cabeza Parda, la siguiente cota que nos metemos en la mochila no sin antes vencer una corta pero esforzada subida. Cabeza Parda es, valga la redundancia, la cabeza del cordal que delimita el valle del arroyo Rehoyo por el este, y

Valdezcaray, medio siglo de nieve

La estación de esquí de Valdezcaray se inauguró un 9 de abril de 1976, es decir, que en breve cumplirá su 50 aniversario. La estación fue impulsada por el entonces alto cargo del Icona, Mariano Jacobo, y Cecilia Valgamos, alcalde de Escala hasta un poco antes de la apertura de la estación. Para llevar adelante el proyecto se constituyó la Sociedad Valdezcaray, con el Ayuntamiento de Escala como socio mayoritario (51 por ciento) y la inmobiliaria Lauren, diversas cajas de ahorro y, mas tarde, la Diputación Provincial que fue haciéndose con todo el accionariado. En la actualidad la Comunidad Autónoma es la propietaria absoluta de la estación. Valdezcaray cuenta con 26 pistas que suman poco menos de 23 kilómetros, kilómetros y una decena de remontes. También dispone de instalaciones de nieve artificial en trece de sus pistas. En la última temporada (2023-2024), que se ha caracterizado por escasez de nieve y fuertes vientos (unas circunstancias compartidas por multitud de estaciones de esquí españolas) la estación riojanos permaneció abierta durante cuarenta y ocho días y recibió la visita de más de 28 000 personas.

que va a ser nuestro guía en el descenso. No hay sendero en la primera parte, mas esto no será un problema si no nos alejamos del cordal. En un momento dado aparece un senderillo que baja sin complejos hasta el collado Ormazal, atravesado por una pista que avanza por el cordal y rodea la cima del Cuña, la última montaña que supera los dos mil metros y que podemos coronar por un sendero. Y si la fuerza no acompaña

sencillamente continuaremos por la pista, pues a ella regresaríamos desde la cumbre en el caso de haberla ascendido.

La pista se divide en el collado antesala del Guilicerra, la última cumbre de la jornada... si así lo deseamos, porque una vez más basta con continuar bajando por el ramal izquierdo pues a él regresaríamos desde la cumbre. La pista pierde altura sin complejos describiendo lazadas

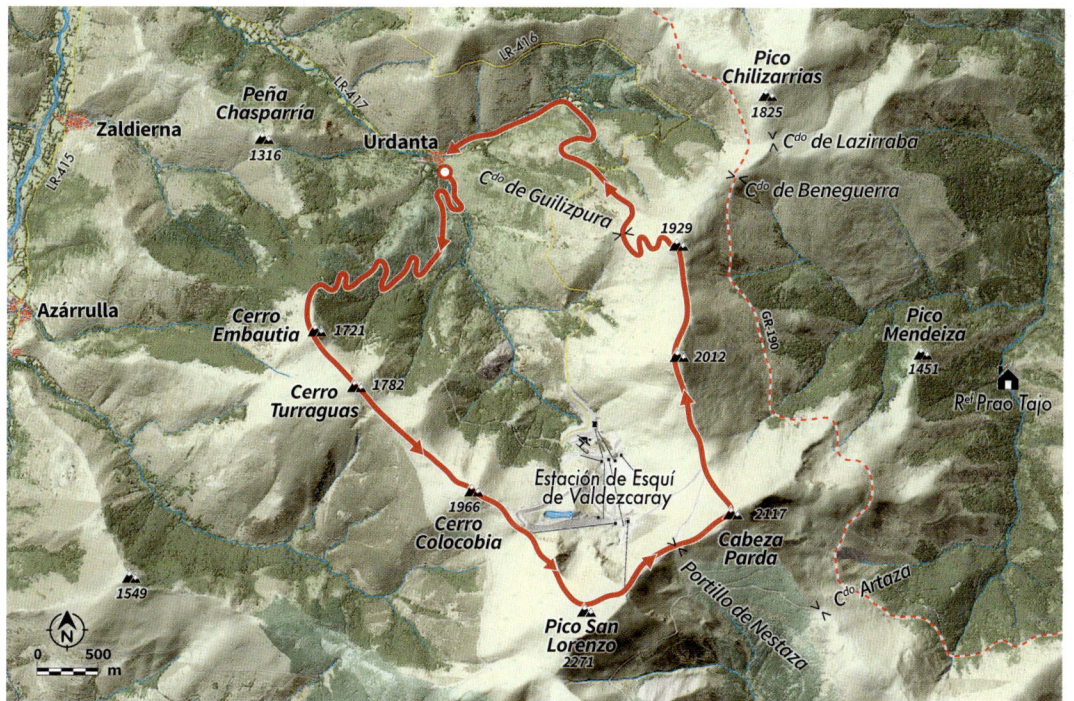

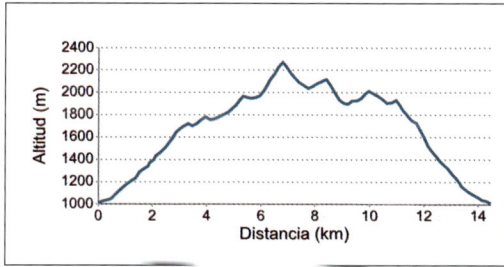

FICHA TÉCNICA

COMIENZO: población de Urdanta, 1020 m. **TIPO:** circular
ALTITUD MÁXIMA: Pico San Lorenzo, 2271 m.
LONGITUD: 17,7 km.
DESNIVEL: +1650 m.
MAPAS: hojas 240-2 y 4 del IGN. 1:25 000.
TRACK: https://desni.in/picosanlorenzo

El autor del reportaje dejando un mensaje en el buzón de cumbre del Cuña. ELos buzones son muy habituales en las cimas de la Sierra de la Demanda.

por la ladera que delimita el arroyo Rehoyo y muere en un sendero que flanquea la ladera.

Caminaremos unos pocos metros por este sendero pues hay que tomar una trocha que desciende a plomo por un cordal y llega a la carretera de la estación de esquí. Hay que buscar atentamente al otro lado del asfalto para dar con un sendero que se resiste a ser visto y que baja decididamente por el bosque hasta el cauce de un arroyo. Hermanado con él llegaremos al arroyo Beneguera y al sendero que baja por su margen izquierda. Poco después de vadearlo encontraremos una pista que procede de Urdanta.

VALLE DE TURZA

En el bonito valle del Oja, la historia y la naturaleza se
entrelazan en cada recodo del camino. Ezcaray, el
principal enclave humano del valle, lidera un territorio
lleno de rincones de enorme belleza que sólo se
desvelan a aquellos dispuestos a echarse a los caminos.
Un buen ejemplo es la bonita aldea de Turza.

Texto: David Granados. Fotos: varios autores

La última parte de la excursión discurre por un hermoso bosque de hayas y pinos

Debajo, vista general de Ezcaray con la característica Picota de San Torcuato a la entrada del valle. Más abajo, una calle de Ezcaray. A la derecha, el camino a Turza gana altura suavemente entre avellanos y muros de piedra.

MARCOS DEL MAZO / ADOBE STOCK

JIMENEZAR / ADOBE STOCK

EL nombre de Ezcaray es un topónimo vasco compuesto por *haitz* y *garay*, cuyo significado es «peña o roca alta», probablemente en referencia a la Picota de San Torcuato, la característica peña que se levanta en el margen derecho del río Oja a la entrada del valle. No es el único topónimo de origen vasco. En el valle encontramos nombres tan sonoros como Altuzarra, Ayabarrena, Azárrulla, Cilbarrena, Bonicaparra, Urdanta, Zaldierna... Hay que viajar mucho en el tiempo para comprender el motivo, nada menos que hasta el siglo X cuando el rey navarro Sancho Garcés I manda repoblar el territorio después de expulsar a los mu-

sulmanes, y lo hace con vascos de las montañas alavesas y navarras que trajeron consigo su lenguaje y sus voces euskaras.

Ezcaray es una población muy pujante gracias al turismo que atrae la estación de esquí de Valdezcaray. Situada en el centro del alto Oja, su boyante pasado ganadero e industrial (a partir del siglo XV, la villa jugó un considerable papel en la economía española gracias a la industria textil) facilitó la existencia de un buen número de casas señoriales que hoy conforman un atractivo casco histórico por el que es un placer pasear. No debe extrañar que fuera nombrada Primera villa turística de La Rioja. Además,

es una villa particularmente activa. En Ezcaray se organizan festivales de jazz, jornadas micológicas, fiestas de tradición medieval... cada época tiene su evento.

Alrededor de la villa la naturaleza se ha prodigado en crear rincones de gran belleza. Basta dejar atrás unos pocos metros las últimas casas para entrar en exuberantes bosques de robles, hayas arces y pinos como podremos comprobar en la ruta que seguiremos para llegar y regresar a Turza. Hace tiempo la aldea quedó abandonada pero ha revivido gracias a la llegada de nuevos habitantes que la devolvieron su antiguo esplendor, reconstruyendo sus casas de piedra rojiza.

Desde Ezcaray, nos adentramos en senderos que serpentean por túneles naturales de avellanos, hasta llegar a la aldea. Superada ésta, nos encontramos con el collado de Bonicaparra, que ofrece vistas panorámicas incomparables de la región. Para cerrar la jornada, descendemos entre bosques densos de hayas, donde la luz se filtra entre las ramas y el murmullo del viento crea una atmósfera de serenidad.

ITINERARIO

Empezamos la excursión en la antigua estación de tren de Ezcaray, aunque podríamos hacerlo en cualquier punto del casco urbano. La estación,

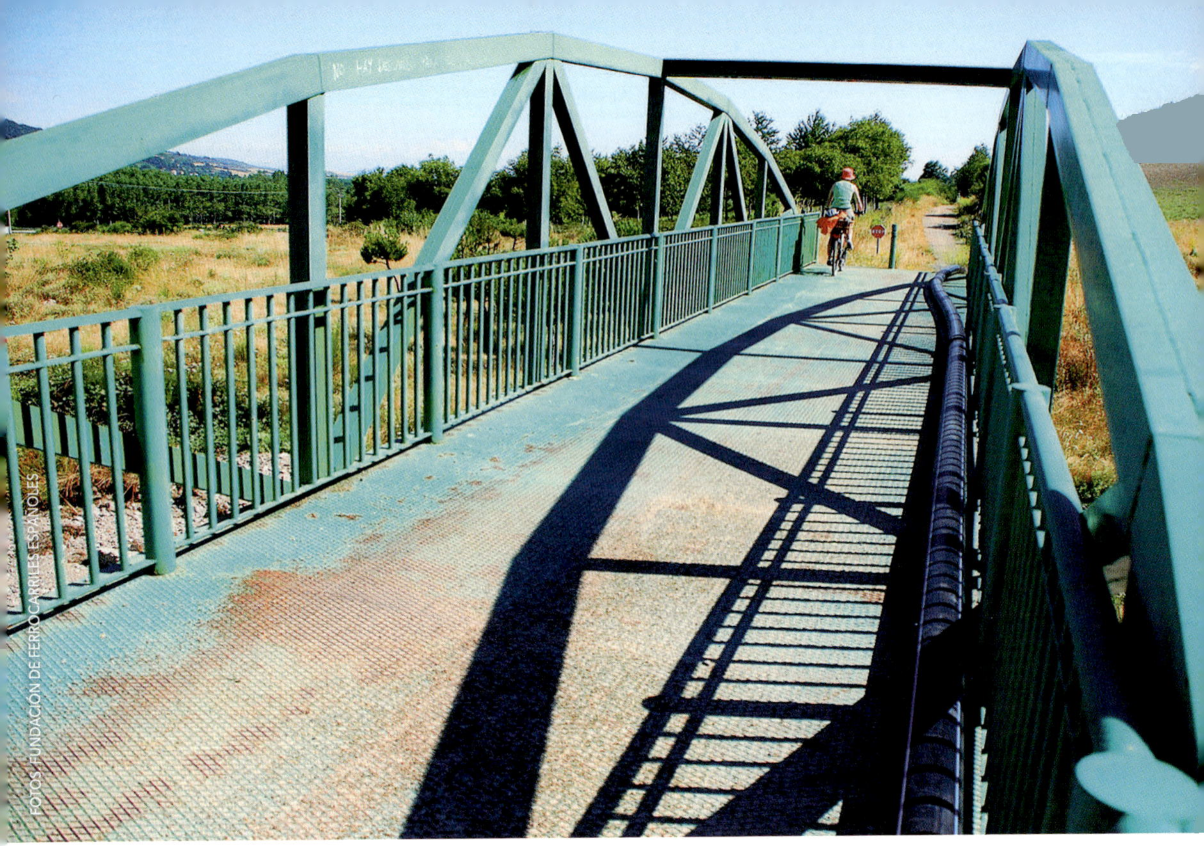

FOTOS: FUNDACIÓN DE FERROCARRILES ESPAÑOLES

Vía Verde del Oja

El bonito edificio azul de la antigua estación, convertida hoy en establecimiento hostelero, recuerda que un día Ezcaray tuvo un tren que lo unía con Haro. Como tantos otros ferrocarriles rurales de vía estrecha, el que nos ocupa tuvo un devenir modesto, como modesto era el propio tren, al que los de Haro apodaban, por su tamaño, El Bobadilla. El primer tren circuló por la línea el día 9 de julio de 1916 y el último una fría mañana del 15 de enero de 1964. En su mejor momento, el ferrocarril llegó a transportar 34 000 toneladas de mercancías y 210 000 viajeros. Pronto estas cifras cayeron espectacularmente debido, por una parte, al despoblamiento de la comarca y, por otra, a la competencia del transporte por carretera.

En la actualidad, el trazado del ferrocarril hasta Casalarreina–unos 26 kilómetros– está acondicionado como vía verde, y no hace mucho gracias a la Ruta Verde del Oja-Tirón se completó la unión con Haro, ofreciendo a peatones y ciclistas un recorrido de 40 kilómetros que conecta la Sierra de la Demanda con el valle del Ebro atravesando algunos de los paisajes más bellos de la región.

FOTOS: FUNDACIÓN DE FERROCARRILES ESPAÑOLES

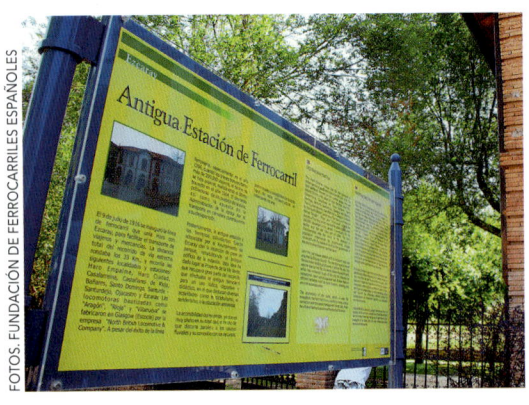

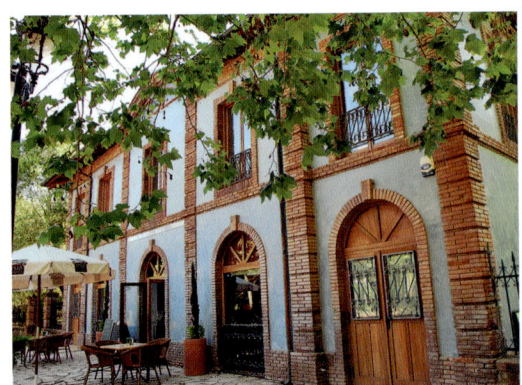

hoy ocupada por un bar, era el punto final del ferrocarril de vía estrecha de Haro a Ezcaray; línea que recibió el cariñoso apelativo de La Bobadilla porque en opinión de los habitantes de Haro los trenes eran poca cosa en comparación con los de la Compañía del Norte que, desde 1863, daban servicio a la ciudad jarrera. El ferrocarril de Haro a Ezcaray inició su andadura en 1916 y contribuyó a dinamizar la economía y la sociedad de las comarcas que atendía. Sin embargo, como muchos otros ferrocarriles secundarios, no fue capaz de hacer frente a la competencia del transporte por carretera y cerró en 1964. Casi todo el trazado ferroviario está convertido hoy en vía verde.

Empezamos a caminar manteniendo la verja del parque de la estación a nuestra derecha du-rante unos metros hasta que llegamos a una esquina en la que vemos las primeras indicaciones. Tomamos el viejo camino a Turza donde se distinguen las marcas del sendero de gran recorrido GR 93 que nos van a guiar hasta la aldea llevando siempre el arroyo Turza a mano derecha. Los primeros metros transcurren entre huertas y praderas en las que crecen avellanos, nogales y algún fresno. El entorno es placentero pero nada comparado con lo que vamos a encontrar más adelante. Vamos ganando altura sin mucho esfuerzo ya que la pendiente es cómoda. Además, las señales del GR hacen difícil confundirse en las bifurcaciones que aparecen. En entorno que atravesamos es magnífico, con bosques a ambos lados del camino: de hayedos y pinos a nuestra derecha, y

Después de años de abandono, la aldea de Turza ha revivido gracias a que algunos de sus habitante regresaron y reconstruyeron las casas al estilo tradicional.

DAVID GRANADOS

En el collado de Bonicaparra hay un refugio y una fuente. Es un tranquilo lugar donde los vecinos de Ezcaray van a pasar el día. Debajo, últimos metros antes del collado Sagastia.

de robles a la izquierda. En un tramo, los avellanos llegan a formar un pasadizo.

No habremos cubierto más de cuatro kilómetros cuando alcanzamos Turza. La aldea llegó a estar totalmente abandonada y sus casas en ruinas. Sus últimos habitantes la abandonaron a finales de los años 70 del siglo pasado, pero algunos vecinos regresaron dispuestos a reconstruirla y darle vida de nuevo. En la actualidad, Turza cuenta con una decena de habitantes y varias casas rurales.

Atravesamos la aldea en dirección ascendente dejando a nuestra izquierda la iglesia y dejamos atrás el caserío por el camino marcado con las señales del GR-93. En pocos minutos llegamos a una bifurcación: dejamos el GR que continúa de frente y tomamos un camino que parte a nuestra derecha. Pronto saldremos a unos prados con una fuente y un bonito refugio libre que lleva el nombre de Bonicaparra.

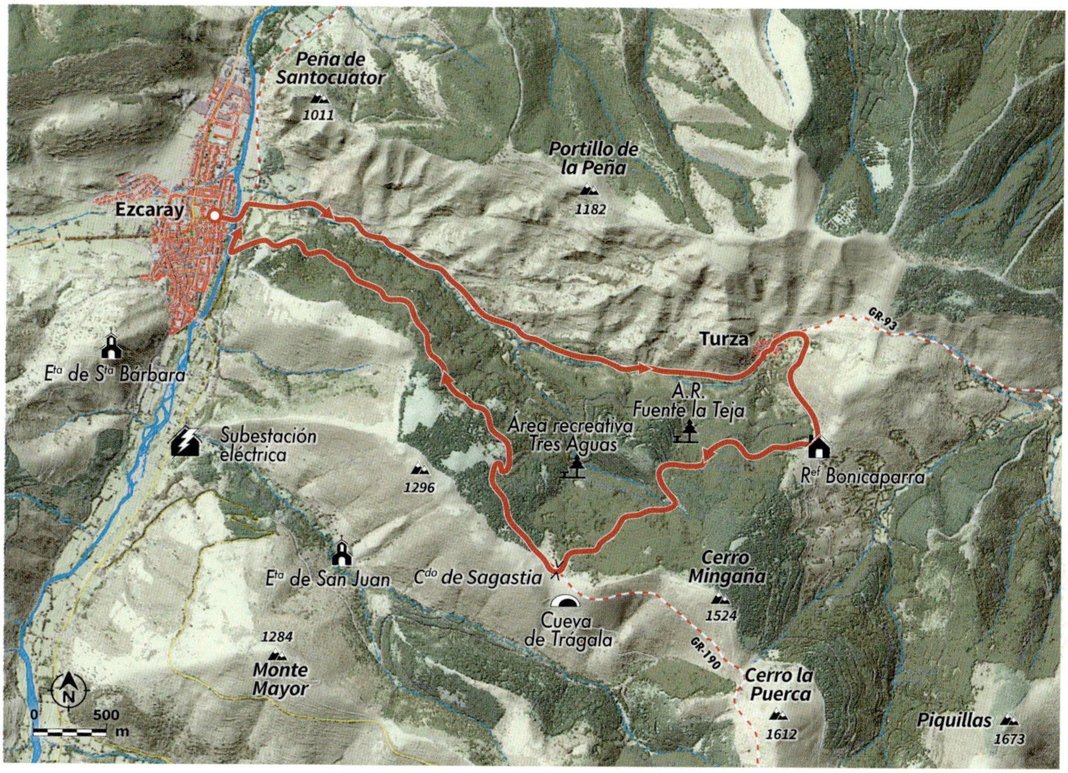

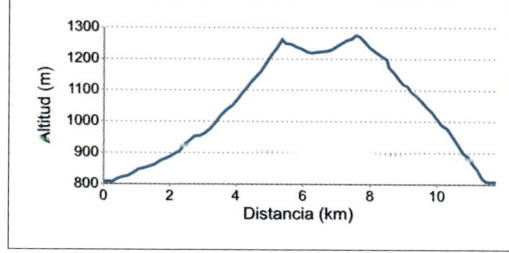

FICHA TÉCNICA

COMIENZO:
población de Ezcaray, 813 m.
TIPO: circular
ALTURA MÁXIMA: 1289 m.
LONGITUD: 13 km.
DESNIVEL: +519 m.
CARTOGRAFÍA: hoja 240-2 del IGN. 1:25 000.
TRACK: https://desni.in/valleturza

Comenzamos el regreso a Ezcaray por la pista asfaltada que llega hasta este lugar muy querido por los ezcarayenses para pasar su tiempo libre. El tránsito por la pista no va a ser muy largo. Al llegar a una cerrada curva a la derecha la abandonamos para continuar por una ancha pista de tierra. Con la montaña a nuestra izquierda y el valle a la derecha avanzamos apaciblemente por un terreno clareado hasta llegar a una zona más despejada con unas bonitas vistas de las montañas más altas de la Sierra de la Demanda. Estamos en el collado Sagastia, una encrucijada de caminos que resolvemos tomando hacia la derecha el camino de menor porte y que está identificado con marcas del sendero GR-93.

En franco descenso el camino penetra en un maravilloso bosque de pinos y haya. Por delante tenemos una larga bajada con varios cruces que no deben provocarnos ninguna duda pues debemos seguir siempre el camino marcado con las señales blancas y rojas del GR que, sin solución de continuidad, han de guiarnos hasta Ezcaray.

INTEGRAL
DE LOS PANCRUDO

Los Pancrudo son, con toda probabilidad, los dosmiles menos visitados de la Sierra de la Demanda. Ubicados en su parte más meridional de la sierra, se alzan mil metros por encima del valle de Valvanera, un valle excepcional cubierto de espesos bosques entre los que se camufla el monasterio que es la enseña de La Rioja. // Texto: Adrián Arévalo / GE. Fotos: varios autores

La grandiosidad del monasterio de Nuestra Señora de Valvanera y la frondosidad del valle del mismo nombre capta la atención del espectador en detrimento del Alto de Pancrudo que se alza detrás.

Arriba, un panel explica la historia del monasterio de Valvanera. En las otras fotos, dos momentos de la subida por el excepcional valle.

JAVIER BUENO

FOTOS: DAVID GRANADOS

EL monasterio de Valvanera es para los riojanos lo que el de Montserrat es para los catalanes y El Rocío para los andaluces, un lugar que ha trascendido de los aspectos religiosos para convertirse en seña de identidad de un pueblo. Mas no hace falta ser riojano o devoto de Nuestra Señora de Valvanera, patrona de La Rioja, para visitar el lugar. Basta con amar los rincones naturales con pedigrí como este valle que pasa por ser uno más hermosos de toda la Sierra de la Demanda.

El valle de Valvanera se forma al pie del cordal de los Pancrudo, una corta hilera de picos que alcanza en el Pancrudo Norte los 2081 metros de altura. Dicen que el nombre del valle deriva de la expresión latina *Vallis Venaria* que significa valle de las venas de agua, y no parece

errada a tenor de los muchos arroyos que bajan por las laderas del valle.

Como tantos monasterios levantados en lugares alejados del mundanal ruido, el de Valvanera hunde sus raíces en la leyenda (la localización de una imagen de la virgen), la instalación de ermitaños y la construcción de un ermita a la que siglo tras siglo se le fueron añadiendo nuevas construcciones que expandían el recinto o sustituían a otras anteriores. Pero lo que de verdad destaca de la abadía es el entorno que la rodea, un espacio cubierto de robles, hayas y encinas que transmite serenidad y paz, una circunstancia que han sabido aprovechar los monjes benedictinos que lo habitan abriendo una hospedería. Un lugar delicioso; muy recomendable para curar los desequilibrios que produce el ritmo de vida de las ciudades.

Pero no es necesario hospedarse en el monasterio para hacer una excursión por el bosque que lo rodea utilizando el Sendero de Valvanera que comienza en el mismo monasterio y que coincide con el sendero de gran recorrido GR 190 como se encarga de recordarnos varias señales, y que es precisamente el que va a guiar muchos de nuestros pasos a la ida y la vuelta de la potente ruta que ha de conducirnos por el cordal de los Pancrudo.

ITINERARIO

Salimos del monasterio del Valvanera siguiendo el camino señalizado con las típicas balizas blancas y rojas de los senderos de gran recorrido. Desde el primer momento caminamos a la sombra del hayedo que ocupa la umbría del

Arriba, la encrucijada donde hay que tomar el GR 93 hacia el norte para llegar al collado Saleguillas que vemos en la foto sobre estas líneas. En la otra página, atacando la cuesta del Pico Gómare. La cumbre del fondo es el Alto de Pancrudo.

valle. Seguimos ganando altura por la pista hasta que en un momento dado demos con un camino que se separa de ella y que se dirige al fondo del valle. En un momento dado el GR se separa de la pista principal y ataja por el bosque rumbo al cordal que viene desde la cima del Pico Nevera, a donde se ingresa por el collado del Bierzo. Por el citado cordal caminaremos algo más de un kilómetro hasta dar con una bifurcación. Tanto a derecha como a izquierda aparecen indicaciones del GR 190. A izquierda hacia Viniegra, y hacia derecha Ezcaray. En realidad, el tramo hasta el monasterio es una especie de anexo. Y a este mismo cruce llegaremos cuando regresemos. Ahora lo seguimos hacia la derecha, en dirección a Ezcaray hasta alcanzar el collado Saleguillas no sin antes pasar por el nacimiento del río Tobía. En el collado decimos hasta luego al GR y enfrentamos la subida hacia el Pancru-

do que inaugura el cordal directamente por la loma. Son nada menos que 500 metros de desnivel en apenas kilómetro y medio, lo que da idea de la pendiente muy exigente.

Aupados al Pancrudo Norte (2081 m) tenemos por delante una montaña rusa formada por el Central I (2049 m), el Central II (2037 m) y, finalmente, el Alto Pancrudo (2062 m). Aunque pueda parecer un resto deportivo no es tal, ya que las variaciones de altitud son poco notables así que no tardaremos mucho en ponernos en pie en la amplia cima del Alto.

Iniciamos el descenso por la loma sureste que lo con el Gómare. En la bajada se pasa por una caseta de vigilancia forestal. Rápidamente alcanzamos el collado Ocejo, encrucijada de pistas «equipada» con un refugio donde reencontramos el GR 190. Aquí comienza el regreso hacia el monasterio, pero tenemos tan cerca el Gómare que sería una pena no agregarlo a nuestra agenda. Ahora bien, hay que tener en cuenta que son casi 200 metros de desnivel los que hay que despachar. La buena noticia es que podemos dejar la mochila en el refugio y

Un monasterio con mucha marcha

En el origen del santuario de Valvanera se mezcla, como es habitual en estos lugares, interviene más la leyenda que los hechos bien datados. Según lo que contó el abad de Valvanera, Rodrigo de Castroviejo, en el año 1419, el origen fue el hallazgo de una imagen mariana del siglo IX por un bandolero arrepentido llamado Nuño Oñez. Con el paso de los años el monasterio, superviviente de tres incendios y una desamortización, se convirtió en el centro espiritual de La Rioja, aunque la virgen tuvo que esperar hasta 1965 para ser nombrada patrona de la región. El santuario es meta de numerosas romerías y escenario de innumerables actividades culturales, espirituales y religiosas cada 21 de septiembre, día de San Mateo, cuando los riojanos ofrecen a la virgen el primer mosto del año, tras el pisado tradicional de la uva. Otra actividad que se ha hecho un lugar en el corazón de los riojanos es la Valvanera-

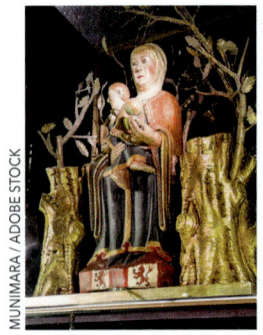

MUNIMARA / ADOBE STOCK

LUIS ROGELIO HM

da, una marcha nocturna a pie de 63,2 kilómetros que tiene lugar el último sábado de abril, entre Logroño y el monasterio. La marcha nació en 1976 por iniciativa de la Asociación de Donantes de Sangre de La Rioja para promocionar la donación de sangre y hoy es ya una tradición que registra cada año una participación de entre 1000 y 2500 personas venidas de todo el país. Por cierto: si eres aficionado a las bebidas «espirituosas» no olvides hacerte con una botella del licor que preparan los monjes.

RUBÉN CUESTA BALTANÁS

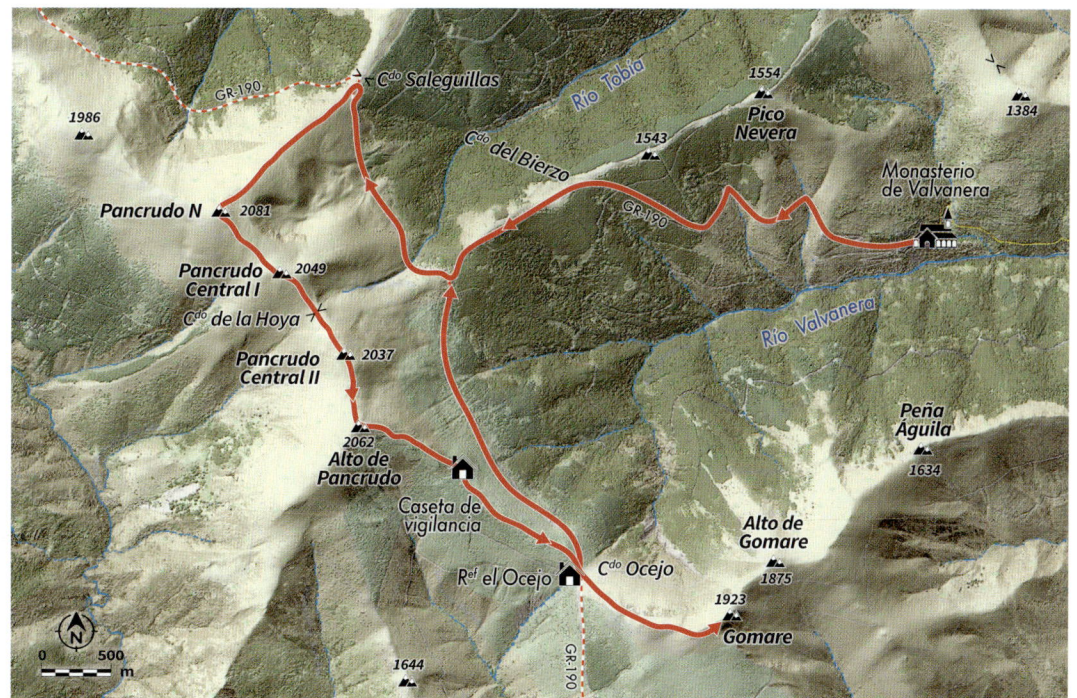

FICHA TÉCNICA

COMIENZO: monasterio de Valvanera, 1000 m.
TIPO: circular.
ALTURA MÁXIMA: 2081 m.
LONGITUD: 21,43 km.
DESNIVEL: 1400 m.
MAPA: hoja 240-4 del IGN. 1:25 000.
TRACK. https://dooni.in/pancrudos

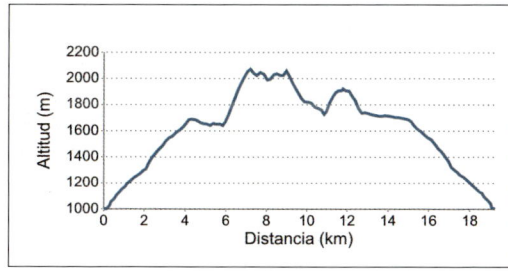

subir con lo puesto. Así, la subida se hace más llevadera y las vistas compensan. A la vista del vértice geodésico que hay en una cima secundaria uno se pregunta los motivos que llevaron a los geógrafos a ponerlo aquí y no en el Pancrudo Norte, que le lleva casi doscientos metros de ventaja.

Regresamos al collado y continuamos por la pista que baja hacia la derecha (el poste del GR indica la dirección a Ezcaray). Por él llegaremos hasta la bifurcación por la que pasamos a la subida. Desde aquí ya solo resta desandar el mismo camino para regresar al monasterio.

JAVIER BUENO

Una pirámide de piedra y un curioso buzón de cumbre que representa un racimo de uvas corona el Alto de Pancrudo o Pancrudo sur.

Al poco de comenzar a ascender nos vemos inmersos en un denso hayedo donde se mezclan ejemplares jóvenes con viejas y enormes hayas.

BOSQUES DEL VALLE DE TOBÍA

Al valle del río Tobía se le atribuye poseer los bosques más extensos y frondosos de La Rioja. Aparte del hayedo El Rajao, que encabeza el *top ten* de los hayedos riojanos, el valle cuenta con grandes manchas de roble rebollo, abedules, álamos y pinos. Una variedad que invitamos a conocer caminando por una sencilla ruta bajo la atenta mirada de los Pancrudos.

TEXTO Y FOTOS: DAVID GRANADOS

TOBÍA es un pueblo encantador acomodado entre enormes peñas rojizas de conglomerado que parecen amenazar con desmoronarse sobre las casas y que forman una especie de gigantesco pórtico por donde se cuela el largo valle que nace a los pies de algunas de las cimas señeras de la Sierra de la Demanda.La magnífica imagen que componen al alimón el pueblo y las peñas justifica por si sola el viaje para llegar hasta allí. Pero es que, además, el valle aparece en todas las guías turísticas de La Rioja por poseer el hayedo más coqueto de la región, El Rajao.

No es éste, sin embargo, el objetivo de esta excursión, sino otros bosques del valle sin tanto pedigrí pero también muy hermosos. Y como extra, las privilegiadas vistas desde las cumbres del cordal al valle siguiente, donde se encuentra el pueblo de San Millán y sus monasterios, Suso y Yuso.

Es un recorrido que, si bien no presenta dificultades técnicas destacables, requiere cierto nivel de conocimientos de orientación ya que hay más de un cambio radical de rumbo, aunque en la actualidad, con el uso de los aparatos GPS, este «problema» desaparece.

CORTESÍA AYTO. DE TOBÍA

Dos perspectivas diferentes de la Peña Tobía.
Arriba, vista desde un mirador situado justo encima de las casas. La foto grande está tomada en el GR 93 poco antes de llegar al pueblo.

Un hayedo con pedigrí

El bosque de El Rajao aparece siempre en primer lugar en el listado de hayedos más grandes y bonitos de La Rioja. Se encuentra en la vertiente norte del la cabecera del Valle de Tobía y cuenta con un recorrido circular que permite visitar los rincones más vistosos del bosque. La excursión comienza en un refugio situado al final de la pista asfaltada que procede del pueblo de Tobía y sube hasta una zona mixta de pinos, hayas y robles para bajar luego hasta la zona de las Tres Aguas, desde donde regresa al refugio atravesando el hayedo que ocupa el fondo del valle. Aunque tiene un desnivel moderado, no presenta dificultad técnica y discurre en su totalidad por caminos y pistas. Es muy adecuada para recorrerla en familia, especialmente entre finales de octubre y principios de noviembre. Puedes leer una descripción de la ruta en **https://desni.in/elrajao**

FRANCISCO JAVIER LADO

ARCHIVO GE

ITINERARIO

Salimos de Tobía por la pista asfaltada que se adentra en el valle con el río a nuestra izquierda. Caminaremos por ella unos 1600 metros hasta llegar al lugar en el que parte la pista que sube por el vallecillo del río Menesterio, corriente que cruza a los pocos minutos. La pista gana altura en ligero pero constante ascenso y vuelve a cruzar el río alejándose de éste, pero casi de inmediato aparece a la izquierda un carril menos importante que nos acerca de nuevo al río.

La compañía de las aguas va a ser efímera, pues enseguida el camino se aleja de nuevo del río y se apresta a rodear una colina. Unos dos kilómetros después la pista se esfuma y queda convertida en poco más que un sendero. La trocha

Arriba, el sendero que sucede a la pista por la que discurren los primeros kilómetros. Debajo, al poco de salir de Tobía por la pista del Rajao.

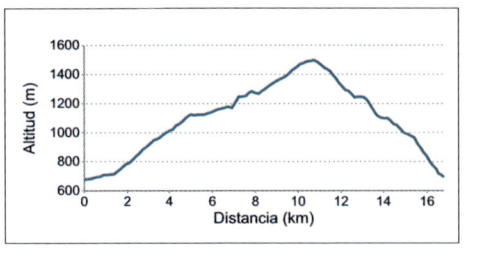

FICHA TÉCNICA

COMIENZO:
localidad de Tobía 688 m.
TIPO: circular.
ALTITUD MÁXIMA: 1499 m.
LONGITUD: 19 Km.
DESNIVEL: +807 m.
CARTOGRAFÍA: hojas 241-1 y 240-2 del IGN
1:25 000
TRACK: https://desni.in/bosquestobias

Si no fuera por el vértice geodésico que se ve en la foto de la página derecha, la cima del Alto Pradilla pasaría desapercibida.

no sólo cuenta con algunos hitos y hay que caminar atentos para no perderla. Si no nos hemos despistado finalmente daremos con una pisa en un collado que hay que seguir en descenso para encontrar de nuevo el río Menesterio ya muy cerca de su nacimiento.

El tránsito por la pista va a ser muy breve. En el lugar en el que cruza el río la abandonaremos y continuaremos por una senda que acompaña al río —más bien un arroyo— aguas arriba introduciéndonos en la cuenca donde nace. Arriba, al frente, se alzan el Cerro Cadajón y Peña Valeri, que forman el cuenco de Canto Cristóbal.

La senda escala sin rubor la vertiente norte hasta alcanzar el cordal. Salimos del bosque a terreno despejado justo en el lugar en el que una pista recorre el cordal, vial que tomaremos a la derecha para acometer la subida al Alto de Pradilla. Su plana cumbre —si no fuera por el vértice geodésico sería difícil saber que se está en el punto culminante— es un buen otero de los valles de Tobía y Cárdenas, en cuyo inicio se levanta San Millán de la Cogolla con sus dos famosos monasterios, Yuso y Suso. El primero es la «cuna oficial» de la lengua castellana desde que den 1977 el Ministerio de Educación y Ciencia lo fijara así con ocasión del Milenario de la Lengua, título que se atribuyen otros lugares como Valpuesta, en Burgos, y Valderredible en Cantabria.

Acometemos ahora el largo trecho que ha de llevarnos de vuelta hasta el pueblo de Tobía. Desde el Alto de Pradilla continuamos cabalgando el cordal por la pista unos 800 metros, al acecho de una senda poco marcada que se desprende a mano izquierda y que entra en el frondoso hayedo que cubre la vertiente norte del Pradilla. Pronto encontraremos otra senda mejor marcada sobre el terreno que recorre un cortafuegos.

Al final de éste el camino se divide en dos y continuamos por el ramal de la derecha que, en un momento dado, desemboca en el sendero de gran recorrido GR 93. Tomándolo hacia la derecha sus marcas nos guiarán hasta Tobía.

El Cerro Peñalba, con sus característicos pliegues calizos, y las Peñas de Matute y Tobía forman un escenario majestuoso que deja con la boca abierta.

PEÑAS DE MATUTE Y TOBÍA

Las Peñas de Matute y Tobía son visitantes habituales de las publicaciones de turismo de La Rioja. Esos prodigiosos farallones de conglomerado, que viran del naranja al gris oscuro cuando los moja la lluvia, dejan sin habla a los viajeros que se plantan bajo ellas. Muchos se conformarán con tomar las fotos de rigor y marcharse, pero lo más aventureros se preguntarán cómo y por dónde llegar a lo más alto.

TEXTO: REDACCIÓN GE. FOTOS: VARIOS AUTORES.

AUNQUE un poco aislado en las estribaciones de la Demanda riojana, este paraje de calizas y conglomerados forma una isleta rocosa sobresaliente en la cuenca del Najerilla y junto al corto y bello valle del río Tobía. La sorpresa que causa ver estas monumentales torres que tienen más de 150 metros de altura a plomo aumenta cuando te acercas a ellas y ves que no son de roca propiamente dicha, sino una amalgama de arcilla y cantos de caliza producto de la sedimentación y la erosión. Es el mismo proceso que formó los mundialmente famoso Mallos de Riglos y de Agüero, en la vecina comunidad aragonesa. A diferencia de aquellos, las Peñas de Tobía no tienen vías de escalada por la mala calidad del conglomerado, pero sí es posible llegar hasta arriba caminando. Eso sí, un delicado pasillo herboso puede disuadir a los excursionistas menos habituados a la verticalidad.

Las poblaciones de Matute y Tobía han dado nombre al conjunto natural de las peñas y su entorno, dedicadas principalmente a la agricultura, ganadería y explotación forestal. A partir

En la foto grande, momentos de contemplación en la cima de Peña Tobía (en el mapa del IGN aparece como Pico Pinán). En frente se levanta el Cerro Peñalba, 150 metros más alto. Debajo de estas líneas, otra vista diferente de las peñas en la bajada hacia Matute.

FOTOS: EVA GONZÁLEZ

de mediados de octubre la variopinta masa forestal formada por arces, espinos, fresnos, avellanos y hayas, realza el carmesí del roquedo, por lo que es el otoño el mejor momento para abordar esta excursión.

ITINERARIO

Tanto Matute como Tobía pueden ser el kilómetro cero de esta interesante excursión. En este

caso comenzamos en Tobía caminando por la carretera que se dirige hacia el hayedo de El Rajao. El paso por ella va a ser muy corto pues inmediatamente después de pasar el puente sobre el río Tobía la abandonamos para continuar por un caminito de hierba que pasa entre dos rocas y entra en el barranco de Antipuerta o Entrepuertas. El camino nos conduce justo debajo de las peñas. Es difícil no sentir cierta aprensión al mirar para arriba. Muy pronto dejamos a la derecha la fuente del Tamboril y damos de bruces con el Tormo, un bloque desprendido y cubierto por la hiedra.

El camino continúa por el fondo del barranco. A mano izquierda llevamos las grandes paredes de conglomerado, mientras que en la otra vertiente lo que asoma son rocas calizas, y uno piensa que le gustaría caminar en compañía de un geólogo que le explicara cómo se formó este lugar.

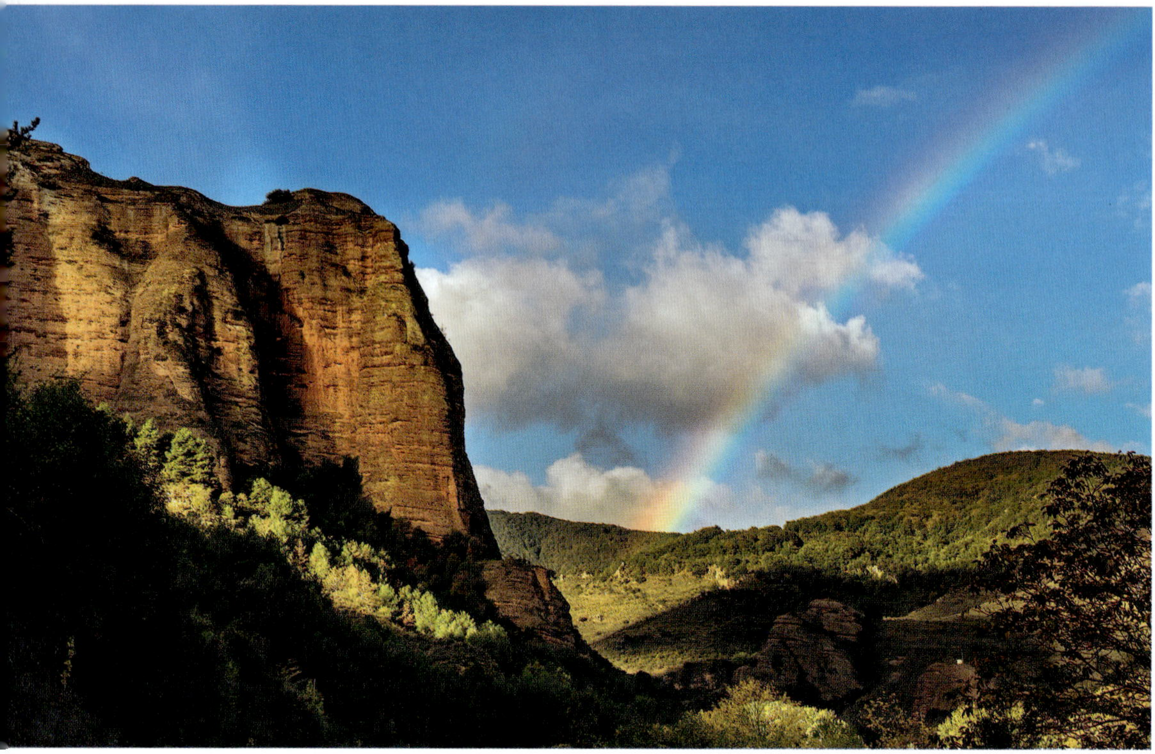

FOTOS: DANIEL ACEVEDO

Un roble reloj

Al pie de la Peña Tobía, un centenar de metros por encima del pueblo, crece un roble excepcional por su tamaño y su historia. Se le llama el Roble de las Once porque cuando el sol iluminaba las ramas más altas los vecinos de Tobías sabían que era esa hora sin necesidad de reloj. El viejo roble está catalogado como árbol singular de La Rioja y desde 1979 el protagoniza una de las actividades que se celebran en las fiestas de Acción de Gracias que tiene lugar el tercer fin de semana de agosto. En el árbol se cuelga un jamón que se lleva a casa el corredor que llegue primero a él en una corta pero explosiva carrera que comienza en el pueblo. Se desconoce con exactitud cómo surgió la idea de la prueba, aunque no sería de extrañar que comenzase como una de esas apuestas tan habituales que se hacen los mozos, algo así de «a ver quién llega antes hasta el roble».

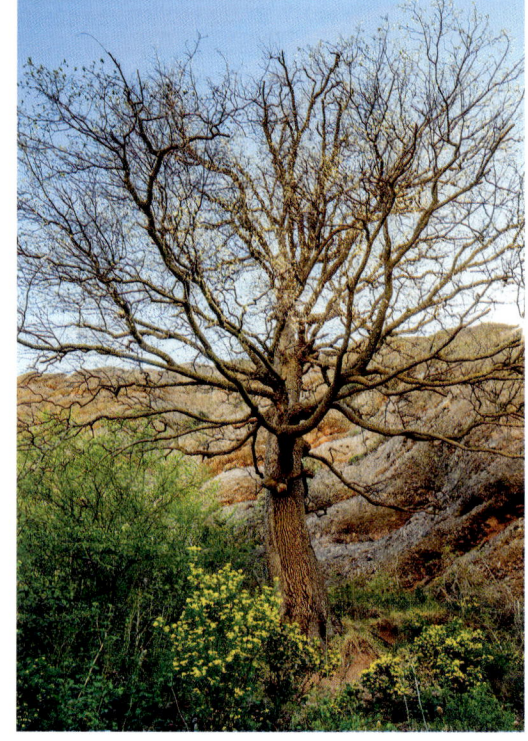

Arriba, vista aérea de las Peñas de Matute y Tobía. Matute es el pueblo que aparece en primer plano. Tobía casi no se ve en el borde superior de una sombra. En la otra página, otra vista de las características peñas de conglomerado,

Algunos senderillos van apareciendo a un lado y otro del camino, pero la orientación no da lugar a la duda. Nuestro objetivo es el collado Londeras, único punto accesible hacia la parte superior y que se percibe claramente entre las torres rojizas y el gris del Cerro Peñalba.

El collado Londeras es un lugar hermoso, cubierto de praderas donde pace el ganado. A poco metros en la vertiente contraria a la que me hemos traído aparece la pista por la que más tarde bajaremos a Matute. Pero ahora nos encaminamos hacia la gran peña siguiendo cualquiera de los muchos senderos que se aprecian en la hierba. Bordeamos las primeras rocas hasta alcanzar una especia de collado que es la base de Peña Tobía. Para acceder a su picuda

cima hay que avanzar por un pasillo herboso que conduce a un pequeño circo del que se sale realizando una fácil trepada. Hecha ésta ya sólo queda caminar unos metros por terreno fácil para situarse en la cima que en los mapas oficiales aparece consignada como Pico Piñán.

La panorámica que alcanzamos es tremenda. Destaca el Cerro Peñalba y detrás de él pero muy lejos el Pico San Lorenzo. A nuestro pies comienza las tierras llanas de la Rioja con su mosaico de colores.

Descendemos por el mismo camino y antes de llegar al collado Londeras atrochamos para situarnos en la pista que procede de Matute con el propósito de visitar una cascada que se forma en el barranco de Rigüelo. Vamos a caminar por ella dos kilómetros amenizados por las vistas de la Peña de Tobía, el Cerro Peñalba y el amplio valle del Najerilla. A la vista de Matute dejamos la pista en una pronunciada curva a la izquierda protegida con unos quitamiedos de hormigón

Tres imágenes del bonito camino que conduce a la cascada por el frondoso barranco de Rigüelo. En la otra página, la iglesia de San Román en Matute. En su interior se conserva un valioso retablo.

para atajar por un camino descendente que conecta con otra ancha pista que discurre por la parte alta de Matute. Siguiéndola por la derecha daremos con el camino que entra en el barranco de Rigüelo. Es difícil pasarlo de largo porque hay un panel que ofrece información del recorrido.

El camino desciende al nivel del arroyo Rigüelo, cuyo curso vadea hasta en nueve ocasiones por otras tantas pasarelas de madera, mientras que el barranco va haciéndose más y más angosto hasta llegar a obligar al sendero a pasar por debajo de una roca. El barranco alberga una variada vegetación en la que aparecen especies vegetales de ambientes umbríos con una singular flora de helechos. Finalmente, el sendero se interrumpe al topar con unos escarpes rocosos donde el arroyo se precipita formando una pequeña cascada de agua que es conocida como la Fuente de la Salud.

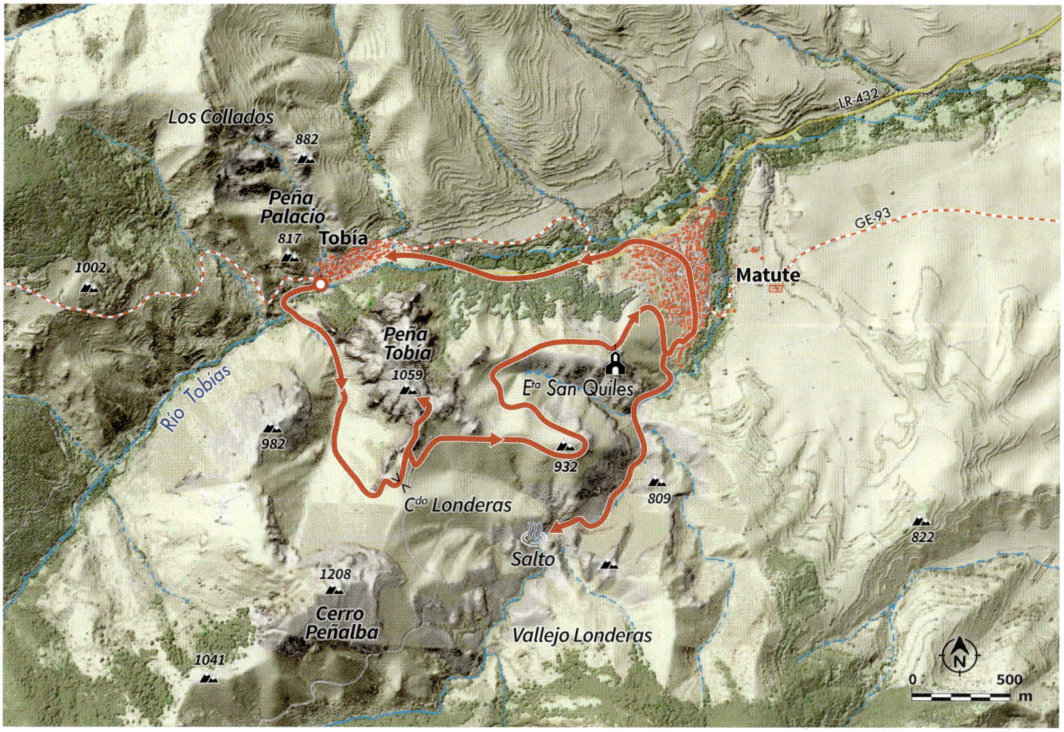

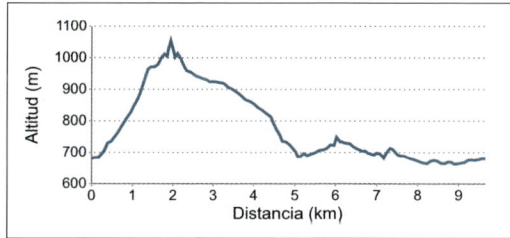

FICHA TÉCNICA

COMIENZO: población de Tobía.
TIPO: circular. **ALTITUD MAX:** 1059
m. **LONGITUD:** 10,50 km.
DESNIVEL: +573 m.
CARTOGRAFÍA:
hoja 241-1 del IGN. 1:25 000.
TRACK: https://desni.in/penatobia

Tras las fotos de rigor desandamos el camino para llegar a Matute. No hará falta proponerse dar una vuelta por este coqueto pueblo porque nuestra ruta lo atraviesa de extremo a extremo, y podremos ver sus edificios más interesantes como la ermita de San Miguel, la iglesia de San Román y el Ayuntamiento. Y si da la casualidad de que pasamos por allí el primer domingo de octubre podremos apuntarnos a comer embutidos y quesos de la zona en el Festival del Salchichón.

El tramo que resta para regresar a Tobía —algo menos de un kilómetro y medio— se hace por la carretera que une ambas localidades.

FOTOS: FOTOS: EVA GONZÁLEZ

La Verdigüela es el mejor lugar para ver en la distancia el tejo milenario de Anguiano que es la mancha oscura que hay en medio del espinazo calizo que ocupa la parte izquierda de la fotografía.

RUTA DEL SERRADERO

Las montañas rodean la localidad de Anguiano. Por un lado las últimas estribaciones de la Sierra de la Demanda, y, por el otro, la Sierra de Camero Viejo. En estas montañas, unos excursionistas entusiastas están implementando y cuidando una red de itinerarios agrupados bajo el nombre de Rutas entre Hayedos entre los que figura la Ruta del Serradero.

TEXTO: GE/RUTAS ENTRE HAYEDOS. FOTOS: VARIOS AUTORES

EL Monte Serradero, que roza en el Moncalvillo los 1500 metros de altitud, forma una barrera que separa los valles del Najerilla e Iregua. Debido a su altitud y orientación, muestra dos vertientes muy diferentes: la del oeste, expuesta a los frentes húmedos, y la del este, que recibe menos precipitaciones.

Esto explica la presencia de hayedos en la vertiente de Anguiano, mientras que la vertiente de Torrecilla está más deforestada y son los robledales los protagonistas. Su nombre —Serradero—nada tiene que ver con la explotación maderera sino con los pastizales que ocupan sus cumbres y que aquí son llamados así.

El Monte Serradero ya no pertenece a la Sierra de la Demanda, sino a la de Camero Viejo, pero hemos decidido incluirla en la selección por dos razones de peso: la belleza de los bosques que atraviesa y por dar la oportunidad de contemplar la Sierra de la Demanda desde fuera.

ITINERARIO

Anguiano es famoso por los danzadores de zancos, dicen que la tradición folclórica más antigua de La Rioja. El pueblo lo forman tres barrios: Mediavilla, Eras y Cuevas. Mediavilla es el más grande y donde se encuentran el Ayuntamiento, la iglesia de San Andrés y numerosas casas hi-

FOTOS: JAVIER BUENO

DIEGO LÓPEZ

Las señales del GR 93, como la que se aprecia en el tronco de un arbol a la izquierda, guían por el bosque hasta el collado de la Mohosa. A la izquierda, vista general de Anguiano y el panel con información de la excursión instalado en el aparcamiento donde comienza ésta.

dalgas. Es en un aparcamiento que hay en el extremo sur del barrio Mediavilla, muy cerca del puente que conecta con Cuevas, donde comienza nuestra excursión. Unas escaleras marcan el comienzo del sendero que deja rápidamente atrás las casas de Anguiano. El sendero sube por terreno descarnado paralelo a un cercado que se atraviesa algo más adelante. La senda, bien visible sobre el terreno, nos acerca a un bosque tan espeso que, al entrar en él, dejamos de ver todo lo que nos rodea salvo los propios árboles. En alguno de ellos se ven las señales blancas y rojas del GR 93 que nos van a guiar hasta el collado de la Mohosa. Más adelante, el estrecho sendero se convierte en una pista que atraviesa el bosque.

Por la derecha se une la Ruta de Peñas —otro de los itinerarios de Rutas entre Hayedos— y juntos llegan al límite del bosque en el collado de La Tejera, cruzado por una ancha

Una iniciativa social

La Asociación Senderista de Anguiano impulsó en 2015 el proyecto Rutas entre Hayedos, una serie de caminos señalizados que recorren los montes de Anguiano. Son 123 kilómetros distribuidos en ocho rutas que, con sus enlaces y variantes, posibilitan la creación de otras múltiples opciones cuando se combinan con el GR 93, el GR 190, el Sendero del Salto del Agua de Matute o el Sendero de Valvanera.

Todas las rutas tienen un atractivo paisajístico de especial relevancia y cuentan con una señalización interpretativa que permite interactuar con el visitante, quien tendrá la posibilidad de ampliar sus conocimientos sobre la zona gracias a los códigos QR instalados en los paneles explicativos y a una aplicación que se puede descargar en la web **https://rutasentrehayedos.es** donde se pueden ver con todo lujo de detalla las rutas y variantes que componen la red.

La asociación es también la encargada del mantenimiento, tarea para la que cuenta con ayuda de la Mancomunidad de Anguiano, Matute y Tobía, promotor del proyecto como propietario de los montes por donde discurren las rutas. En dicho mantenimiento colaboran un grupo de unos 25 voluntarios (padrinos) que realiza trabajos sencillos, como el repintado de las marcas e informan del estado de balizas y postes direccionales.

ASOCIACIÓN SENDERISTA DE ANGUIANO

JAVI ELENA

Las hojas cubren el camino que gana altura por medio del frondoso hayedo. A la derecha, el vértice geodésico de Muélago. A la izquierda, «padrinos» de la Asociación Senderista de Anguiano, en tareas de mantenimiento.

pista. Tomando la pista hacia la derecha, la Ruta de Peñas regresa a Anguiano, mientras que nosotros lo hacemos en sentido contrario, sin perder las marcas del GR 93 y coincidiendo ahora con la Ruta de Roñas, que nos va a acompañar un buen rato.

Entramos en un frondoso hayedo sin dejar de ganar altura y al dejarlo atrás topamos con los

cortados de Congostos, donde nos enfrentaremos a algunas de las rampas más exigentes del día y sin árboles que nos protejan del sol. Tras las rampas llegamos a un cruce donde abandonamos la pista por la que continúa la Ruta de Roñas a cambio de un camino ancho que sube hacia a La Verdigüela, punto desde el que se puede ver el Tejo de Anguiano.

El Tejo de Anguiano es uno de los Árboles Singulares de La Rioja y se encuentra protegido. Es probable que sea el árbol más longevo de La Rioja superando los mil años. Tiene más de

JAVIER BUENO

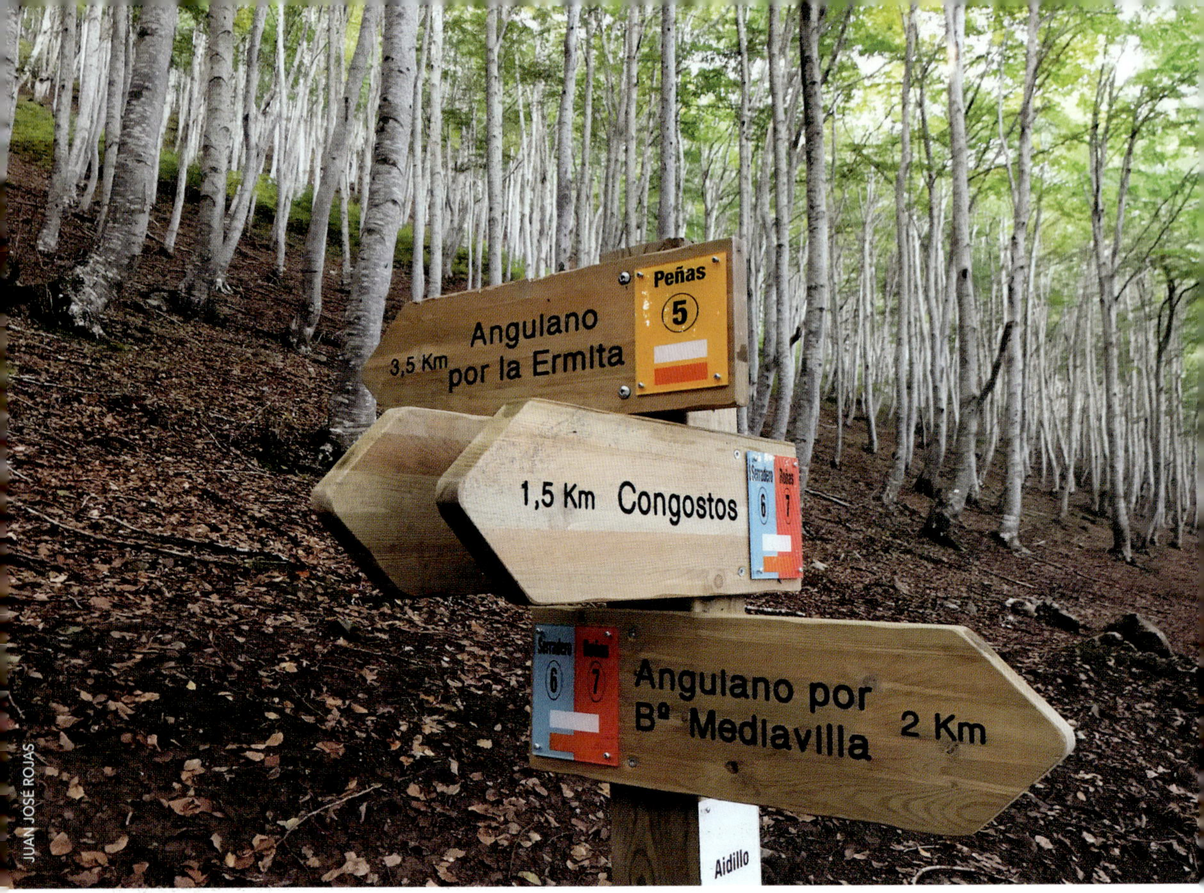

JUAN JOSÉ ROJAS

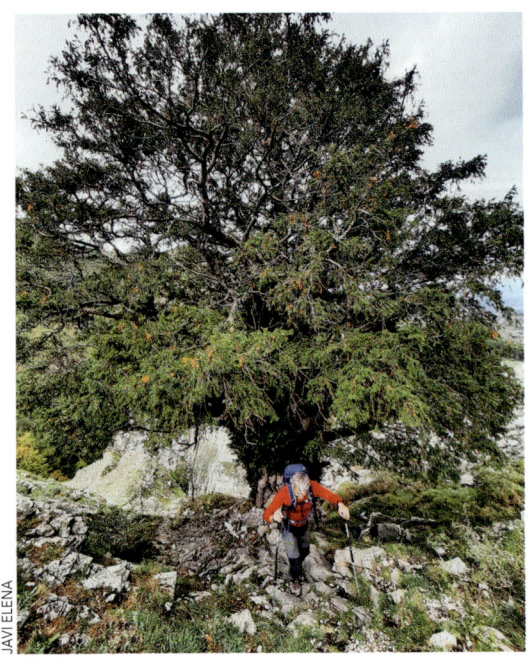

once metros de altura y un perímetro de siete. El tejo goza de gran popularidad entre los habitantes de la zona. Antiguamente los tejos ocupaban una mayor extensión en la comarca como lo demuestran los numerosos topónimos alusivos a ellos (Sierra Tejeda, Fuente de los Tejos, la Tejera...), sin embargo, hoy es una especie en recesión.

Dejando de contemplar el Tejo milenario nos internamos de nuevo en el hayedo. En otoño la hojarasca tapa el sendero y entonces hay que ir muy atentos a las señales del GR 93 que nos van a guiar hasta el collado La Mohosa. Allí nos despedimos del GR 93, que continúa camino de Nieva de Cameros, y seguimos por una amplia pista junto a la alambrada que hace las veces de linde entre municipios por la loma del Serradero y que sólo abandonaremos a la vista del vértice geodésico de Muélago. Si la motivación es superior al cansancio quizá nos convenza ir a conocer

Los itinerarios de Rutas entre Hayedos tienen una muy buena señalización, como puede comprobarse en la imagen superior. Debajo, el tejo milenario de Anguiano.

JAVI ELENA

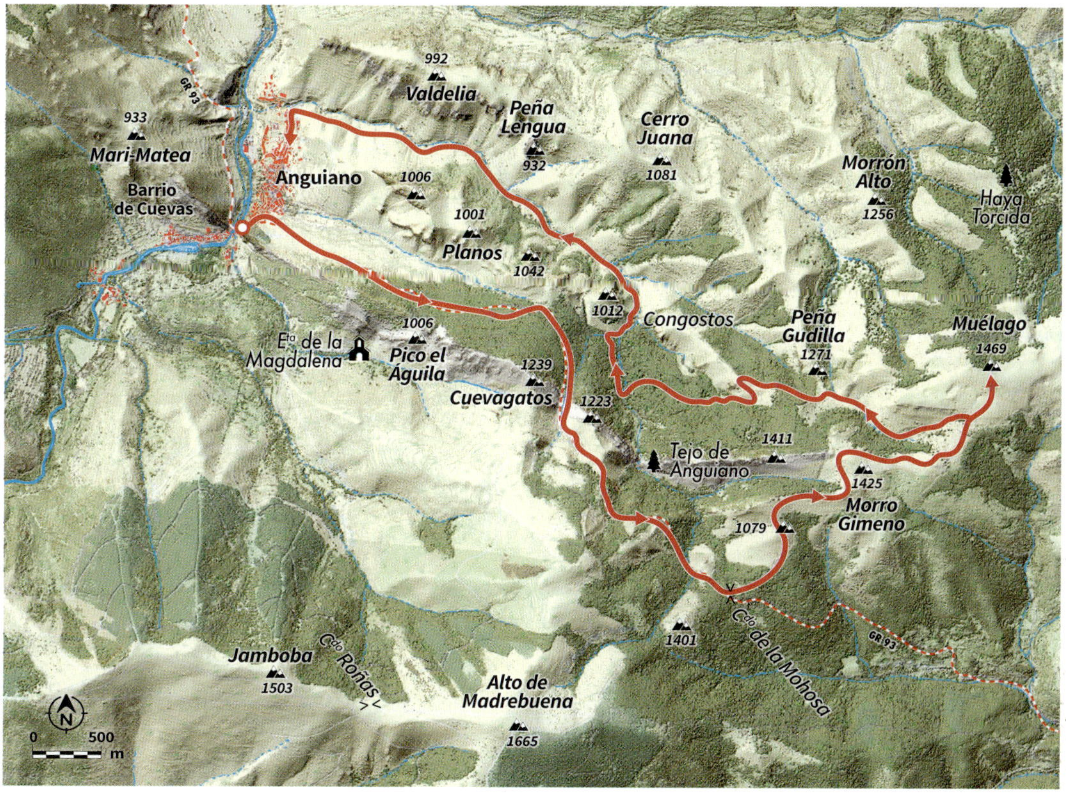

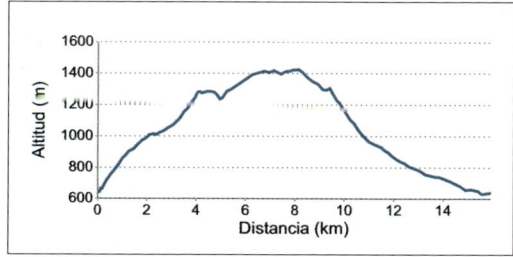

FICHA TÉCNICA

COMIENZO:
población de Anguiano.
TIPO: circular.
LONGITUD: 18 km.
DESNIVEL: +1026 m.
CARTOGRAFÍA:
hojas 241-1 y 3. IGN 1:25 000.
TRACK: https://desni.in/rutaserradero

---

el Haya Torcida, una curiosa haya en forma de N. Hay que tener presente que añadiremos tres kilómetros más a la ruta entre ir y volver.

Comenzamos el descenso bordeando el hayedo por un empinado camino hasta desembocar en una pradera donde mana la fuente Bajera. Una vez más tendremos que recuperar parte de la altura perdida para —ya sí— bajar sin más miramientos hacia el valle. Un descenso que se hace a través de un hayedo primero, del despoblado hombro de la montaña des-

pués, y de un nuevo hayedo más tarde —Las Hoyas— con algunos ejemplares espléndidos. Finalmente reencontraremos la Ruta de Peñas a la salida a la pista. Ya no hay que afrontar más desvíos hasta el mismo Anguiano. El camino nos permite contemplar con detalle algunas de las escarpadas peñas que rodean a la localidad. Las primeras edificaciones nos reciben al mismo tiempo que nos despedirnos de la Ruta de Peñas que prosigue su curso mientras entramos en Anguiano.

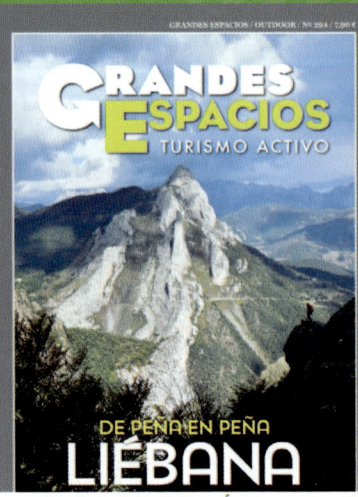
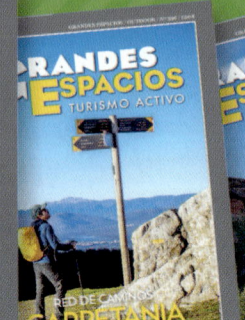